SCM

Stiftung Christliche Medien

Der SCM-Verlag ist eine Gesellschaft der Stiftung Christliche Medien, einer gemeinnützigen Stiftung, die sich für die Förderung und Verbreitung christlicher Bücher, Zeitschriften, Filme und Musik einsetzt.

© 2014 SCM Collection im SCM-Verlag GmbH & Co. KG | Bodenborn 43 | 58452 Witten
Internet: www.scmedien.de; E-Mail: info@scm-collection.de

Gesamtgestaltung: Dorothé Straßburger | www.dorothestrassburger.de | Krefeld

Fotos: Ildi, TwilightArtPictures, Kitty, Comugnero Silvana, teressa, Tim Hartl, vertmedia Martin R., Julli, LeitnerR, homydesign, Valeriy, karandaev, Mexrix (fotolia.com) | MNStudio, Maryna Pleshkun, ZouZou (shutterstock.com) | pip, sör alex, Francesca Schellhaas, sasto, suze (photocase.de) | Magda Żurawska, hlphoto, Viktorija Kuprijanova, ARTindividual, Pawe Strykowski, paulbinet, Bernd Jürgens, monica-photo, margouillatphotos, travellinglight, bhofack2, Wcoaster, severija, enzodebernardo, LorenzoPatoia, Eising, loooby, yevgenromanenko, VankaD, ajafoto, Sarsmis, lilyimages, Marina Lohrbach, Creatas, Fuse, Monkeys Business Images, Wino Evertz, SerenDigital (thinkstockphotos.de) | Miriam Piehler, Manuela Odrich

Druck und Bindung: Druckerei Theiss GmbH – www.theiss.at
Gedruckt in Österreich

ISBN 978-3-7893-9731-8
Bestell-Nr. 629.731

BETTINA WENDLAND (HRSG.)

DAS VEGETARISCHE FAMILY KOCHBUCH

SCM
Collection

DAS VEGETARISCHE FAMILY KOCHBUCH

Die Mengenangaben der Rezepte orientieren sich an einer vierköpfigen Familie.

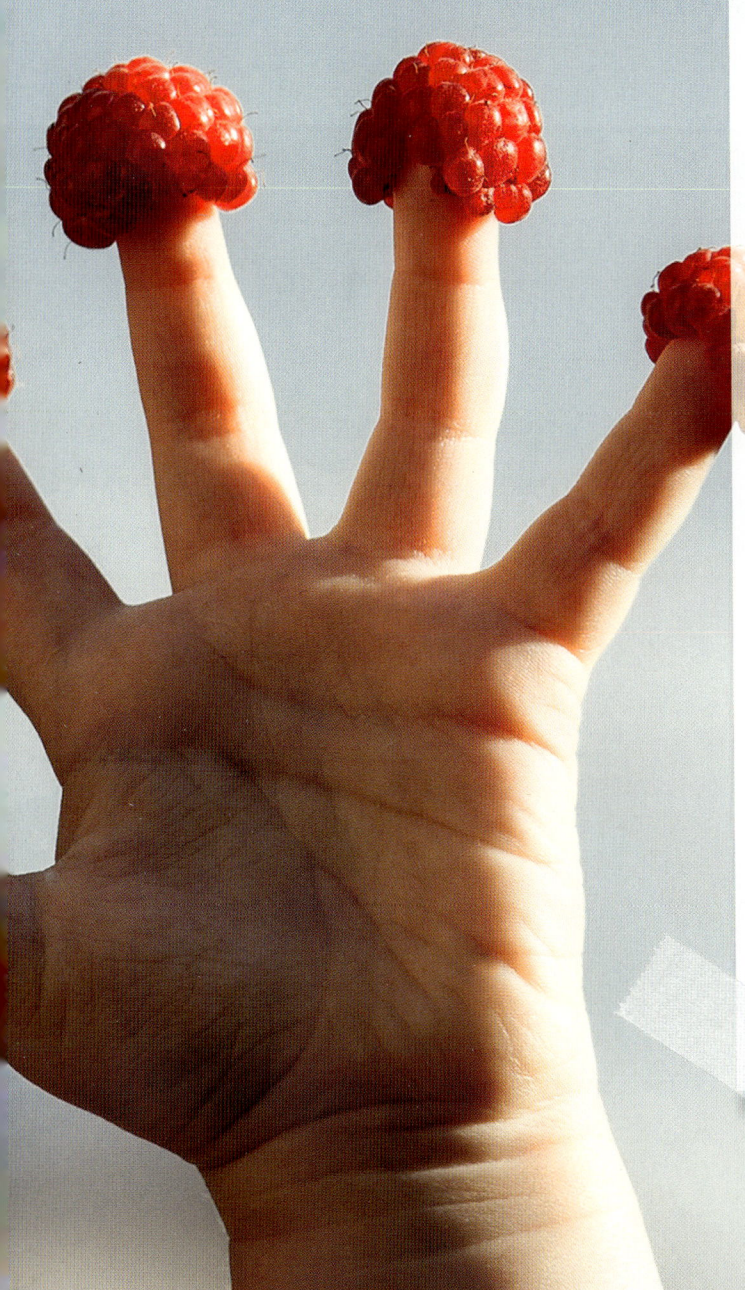

LIEBLINGSESSEN

Wenn man Kinder nach ihrem Lieblingsessen fragt, lauten die Antworten oft wahlweise „Spaghetti Bolognese", „Chicken Nuggets mit Pommes", „Pizza Salami" oder „Würstchen".

Und so ist in vielen Familien der Speiseplan ziemlich fleischlastig. Immer mehr Eltern möchten das ändern. Manche wollen ganz auf Fleisch verzichten, andere den Fleischverzehr zumindest einschränken. Und dazu braucht man Rezepte, die fleischlos sind, Kindern schmecken und die man möglichst einfach zubereiten kann.

Genau solche Rezepte haben wir gesucht und gefunden. Die Rezepte dieses Kochbuchs sind allesamt familienerprobt. Natürlich schmeckt nicht allen Eltern und Kindern alles gleich gut. Aber die Rezepte, die uns von insgesamt 38 Familien zur Verfügung gestellt wurden, haben das Zeug zum neuen Lieblingsessen. Das heißt dann demnächst vielleicht „Pinke Suppe", „Sonnenblumenspaghetti", „Möhrenlasagne" oder „Kartoffel-Pizza".

Guten Appetit!

Bettina Wendland

Auf Fleisch verzichten?

In vielen Familien kommt zu viel Fleisch und Wurst auf den Tisch. Die Deutsche Gesellschaft für Ernährung (DGE) empfiehlt, dass Erwachsene pro Woche nicht mehr als 300 – 600 g Fleisch und Wurst verzehren. Das entspricht zum Beispiel einer kleinen Scheibe Fleisch (100 g) an vier Tagen und täglich einer Scheibe Wurst (30 g). Für Kinder empfiehlt das Forschungsinstitut für Kinderernährung (FKE) folgende Mengen pro Woche:

4–6 Jahre: 280 g
7–9 Jahre: 350 g
10–12 Jahre: 420 g

Vor diesem Hintergrund ist es für viele Familien sicher sinnvoll, den Fleisch- und Wurstkonsum etwas einzuschränken. Aber ist eine rein vegetarische Ernährung wirklich gesünder? Kann man schon kleine Kinder vegetarisch ernähren?

Ohne Fleisch gesund groß werden

Silke Restemeyer von der DGE meint dazu: „Kinder können auch ohne Fleisch gut mit Nährstoffen und Energie versorgt werden, wenn sie Milch, Milchprodukte und Eier essen. Außerdem sind Vollkornerzeugnisse, Hülsenfrüchte, Nüsse und Samen wichtig für eine vollwertige Ernährung, da sie bedeutende Proteinträger darstellen." Bei einer vegetarischen Ernährung sei es besonders wichtig, auf eine ausreichende Zufuhr von Eisen zu achten. Dies liefern vor allem Vollkorngetreide, Hülsenfrüchte und Gemüsearten wie Erbsen, Fenchel, Mangold und Schwarzwurzeln. „Um das pflanzliche Eisen besser aufnehmen zu können, sollten gleichzeitig Vitamin-C-haltige Lebensmittel verzehrt werden", empfiehlt Silke Restemeyer.

Vegane Ernährung nicht empfehlenswert

Kinder rein vegan zu ernähren, also auf jegliche Lebensmittel tierischen Ursprungs zu verzichten – davon rät die Expertin der DGE jedoch ab: „Für vegan ernährte Säuglinge und Kinder kann es zu einer unzureichenden Zufuhr von Energie, Protein, Eisen, Calcium, Jod, Zink, Vitamin B2, Vitamin B12 und Vitamin D kommen und die Zufuhr langkettiger n-3 Fettsäuren kann ebenfalls zu gering sein. Bedingt durch das starke Wachstum und geringe Nährstoffspeicher steigt das Risiko für die Entwicklung von Nährstoffmangelzuständen."

Nichts erzwingen

Aber es ist ab einem bestimmten Alter ja sowieso schwierig, Kindern vorzuschreiben, was sie essen und was sie nicht essen sollen. Eine vegetarische Ernährung kann man nicht erzwingen. Im Gegenzug sollten Eltern ihr Kind, das auf Fleisch verzichten möchte, aber auch nicht drängen, doch das Steak oder die Frikadelle zu probieren. Im Teenageralter neigen vor allem Mädchen dazu, sich vegetarisch ernähren zu wollen. Auch für diese Kinder bietet dieses Kochbuch viele passende Rezepte.

Saisonal kochen

Bei der vegetarischen Ernährung spielt Gemüse eine zentrale Rolle. Hierbei ist es für Gesundheit und Geldbeutel sinnvoll, die Gemüsesorten zu kaufen, die gerade Saison haben. Dadurch kann man auf Produkte zurückgreifen, die in der Region geerntet wurden, was dann auch noch die Umweltbilanz verbessert. Wer sich unsicher ist, welches Gemüse wann Saison hat, kann sich zum Beispiel beim Saisonkalender des AID informieren: www.aid.de/verbraucher/saisonkalender.php

Veggie-Schnupperkurs

Umfangreiche Informationen zu Ernährungsthemen bietet die Internetseite der DGE: www.dge.de. Speziell um vegetarische Ernährung geht es auf der Internetseite des Vegetarierbundes Deutschland: www.vebu.de. Für Menschen, die neu mit einer fleischlosen Ernährung starten wollen, empfiehlt der VEBU den Veggie-Schnupperkurs: Kostenfrei und unverbindlich sendet der Veggie-Online-Coach dreißig Tage lang täglich eine E-Mail mit Rezepten und Informationen: www.veggie-schnupperkurs.de.

Abwechslung!

Aber egal, ob Sie und Ihre Familie sich ganz oder nur teilweise fleischfrei ernähren möchten: Das Wichtigste ist, dass der Speiseplan abwechslungsreich gestaltet wird und auch immer wieder neue Rezepte ausprobiert werden. Gerade Kinder sind unbekannten Gerichten gegenüber oft skeptisch oder kritisch. Aber erst durchs (Aus-)Probieren können sie herausfinden, was ihnen wirklich schmeckt. Oft machen sie dabei erstaunliche Entdeckungen. Und die Eltern wundern sich, wenn Junior plötzlich Kohlrabi isst …

Alternativen zu Fleisch

Eine vegetarische Ernährung besteht eigentlich ja nicht darin, dass man einfach das Fleisch weglässt oder durch Alternativen wie Tofu ersetzt. Allerdings bieten Tofu und Co. interessante Variationsmöglichkeiten und gerade für Kinderklassiker wie Spaghetti Bolognese sind sie eine gute fleischlose Alternative. Neben Tofu gibt es weniger bekannten Fleisch-Ersatz, den es auszuprobieren lohnt.

Tofu

Tofu ist ein im asiatischen Raum traditionelles und weit verbreitetes Nahrungsmittel. Es hat wenig Kalorien, liefert dafür aber viel Kalzium, Vitamin E, Eisen und hochwertiges Eiweiß. Tofu wird aus Sojabohnen gewonnen und ist in verschiedenen Geschmacksrichtungen – natur, geräuchert, mit Nüssen/Gemüse/Paprika/Kräutern/Algen etc. – erhältlich.

Zum Braten wird Tofu in etwa 1 cm dicke Scheiben oder Würfel geschnitten. Natur-Tofu ist mild bist fast geschmacksneutral. Mit entsprechenden Zutaten und Gewürzen lässt sich nahezu jede Geschmacksrichtung leicht herstellen. Er kann gebraten, frittiert, paniert, gegrillt, gekocht, gebacken, mariniert, püriert und geräuchert werden. Auch als Salatzubereitung, Pizzabelag, Füllung für Teigtaschen oder als veganes Rührei ist er geeignet.

Tempeh

Tempeh wird, ebenso wie Tofu, aus Sojabohnen gewonnen. Die Bohnen werden jedoch nicht zerdrückt, sondern durch Zugabe eines Edelpilzes fermentiert. Tempeh sollte möglichst frisch zubereitet werden. Es kann in Scheiben geschnitten, gebraten, gekocht, gedünstet, paniert, frittiert oder gegrillt werden. Mit Zitrone und Sojasoße beträufelt schmeckt es besonders gut.

Seitan

Seitan ist ein Nahrungsmittel mit hohem Eiweißgehalt. Im Unterschied zu Fleisch enthält es jedoch kein Cholesterin und so gut wie kein Fett. Seitan wird durch Auswaschen der Stärke aus Weizen gewonnen. Das verbleibende Klebereiweiß (Gluten) hat eine faserige, schnittfeste Struktur. Es kann natur, paniert, gebraten, gekocht oder frittiert zubereitet werden. Ebenso lässt es sich zu Schnitzel, Gulasch oder Suppenbeilage verarbeiten. Vorhergehendes Einlegen in Marinade passt den Geschmack individuellen Wünschen an. Sehr schmackhaft ist Seitan als kalter Brotbelag. Es lässt sich zum Beispiel auch für Veggie-Gyros verwenden. Als solches ist es fertig gewürzt in gut sortierten Supermärkten erhältlich.

Sojafleisch

Sojafleisch besteht aus strukturiertem Sojaeiweiß, auch TVP (textured vegetable protein) genannt. Das Sojaeiweiß wird in Form von getrocknetem Granulat (Hack für Spaghetti Bolognese), Würfeln (Gulasch) und größeren Stücken (Schnitzel) angeboten. Es muss, je nach Größe der Einzelteile, mindestens 15 bis 60 Minuten in heißer

Gemüsebrühe oder speziell für diesen Zweck ange-
botenen Würzmischungen eingeweicht werden.
Das vorbereitete Sojafleisch wird wie Tierfleisch weiter-
verarbeitet. Es hat eine sehr fleischähnliche Konsistenz.

Quorn

Quorn ist eine eiweiß- und ballaststoffreiche Fleisch-
alternative. Es wird bei der Gärung eines Schimmel-
pilzes gewonnen. Angereichert mit Vitaminen sowie
Mineralien und gebunden mit Eiweiß ergibt es
schmackhafte Schnitzel, Filets und Hackfleischalter-
nativen. Quorn wirbt damit, dass es kaum einen
geschmacklichen Unterschied zu Fleisch gibt.
Gesünder als Fleisch ist es auch: Alle wichtigen
Aminosäuren, die in Rind- oder Hähnchenfleisch
vorkommen, sind auch in Quorn zu finden. Es enthält
aber kein Cholesterin sowie deutlich weniger Fett,
gesättigte Fettsäuren und Kalorien.

Bratlinge & Co.

Beim Ersetzen von Hackfleisch in Bratlingen, Braten,
Soßen, Füllungen etc. sind der Fantasie kaum Grenzen
gesetzt. Sojafleisch in Form von Granulat eignet sich
besonders gut. Zum Binden der Bratlingmasse können
Sojamehl, Johannisbrotkernmehl oder Stärke verwendet
werden. Weil Sojaeiweiß praktisch kein Fett enthält,
empfiehlt sich die Zugabe von etwas Fett oder Öl zur
Bratling- oder Bratenmasse.
Grob geschrotetes oder gequetschtes Getreide eignet
sich ebenfalls gut. Dazu wird das Getreide in kochende
Gemüsebrühe gegeben, in der man es anschließend bei

niedrigerer Temperatur quellen lässt. Die entstandene
Masse kann meist ohne zusätzliche Bindemittel zu
Bratlingen, Füllungen oder Braten verarbeitet werden.
Bei Bedarf können die oben genannten Bindemittel
verwendet werden. Die Zugabe von klein geschnittenen
oder geraspelten Gemüsen, Kräutern und etwas Fett
verfeinert den Geschmack.
Besonders gut zur Bereitung von Braten und Bratlingen
eignet sich der würzige Grünkern. Sehr häufig finden
sich im Supermarkt auch fertige Bratlinge und Bratling-
mischungen. Falafel aus Kichererbsenmehl ist ebenfalls
sehr beliebt.

Lopino

Produkte aus der heimischen Süßlupine, einer Hülsen-
frucht, werden zum Beispiel unter dem Namen Lopino
vermarktet. Lopino enthält viel Eiweiß und ist ähnlich
wie Tofu vielseitig verwendbar. Die Lupinenbohne ist
der Sojabohne in ihrer Zusammensetzung recht ähnlich.
Lupinen-Produkte gibt es zunehmend in ähnlicher
Vielfalt wie Tofu-Produkte.

Der Veggie-Schnupperkurs

Der VEBU empfiehlt den Veggie-Schnupperkurs mit
Ernährungs-Coach. Kostenfrei und unverbindlich sendet
der Veggie-Online-Coach dreißig Tage lang täglich eine
E-Mail mit Rezepten und Informationen zur vegetarisch-
veganen Lebensweise: www.veggie-schnupperkurs.de

MAL WAS ANDERES ALS REIS UND NUDELN ...

Gerade in der Familienküche sind Kartoffeln, Reis und Nudeln die häufigste sogenannte „Sättigungsbeilage". Dabei gibt es zahlreiche leckere Alternativen, durch die das Familienessen abwechslungsreicher wird.

HIRSE

Hirse ist das älteste Getreide und wurde schon vor 8000 Jahren verwendet. Sie ist sehr mineralstoffreich, enthält aber kein Gluten und ist von daher ideal für Menschen, die an Zöliakie (Glutenunverträglichkeit) leiden.

COUSCOUS

Couscous wird meist aus Hartweizengrieß (auch aus Gersten- oder Hirsegrieß) hergestellt und ist ein wichtiger Bestandteil der nordafrikanischen Küche. Das im Supermarkt erhältliche Couscous muss in der Regel nur 10 Minuten in heißem Wasser ausquellen. Somit ist es eine ideale Zutat für schnelle Gerichte.

BULGUR

Bulgur wird wie Couscous auch aus Hartweizen hergestellt, allerdings nicht aus Grieß, sondern aus Weizengrütze und ist somit etwas gröber.

DINKEL

Der Verwandte des Weizens ist als ganzes Korn, Schrot oder Mehl erhältlich. Die Körner eignen sich als Beilage oder als Bestandteile von Bratlingen etc. Gut geeignet dafür ist auch Grünkern; so nennt man unreif geernteten Dinkel.

QUINOA

Dieses glutenfreie Pseudogetreide ist reich an Eiweiß, Magnesium und Eisen. Es lässt sich gut anstelle von Reis, aber z.B. auch im Müsli verwenden.

AMARANTH

Wie Quinoa auch kommt dieses Pseudogetreide aus Südamerika und ist in Aufläufen, Müsli oder Bratlingen beliebt. Aus Amaranth kann man auch „Popcorn" machen, indem man es wie Maiskörner in einem Topf mit etwas Öl „aufpoppen" lässt.

POLENTA

Vor allem in der italienischen Küche ist dieser Maisgrieß sehr beliebt. Meist wird er zu Maisbrei gekocht und anschließend auf ein Brett oder Blech gestrichen und in Stücke oder Scheiben geschnitten. Auch für süße Gerichte ist Polenta gut geeignet.

PINKE SUPPE
(ROTE BETE-KARTOFFEL-SUPPE)

ZUTATEN

2 Zwiebeln
1 Knoblauchzehe
1 EL Öl
3 Möhren
2 Rote Beten
6 Kartoffeln
Salz, Pfeffer, Selleriepulver
100 g Kräuter-Crème fraîche

1 Zwiebeln und Knoblauch hacken und in Öl anbraten.

2 Möhren, Rote Bete und Kartoffeln schälen, klein schneiden und zu den Zwiebeln geben, mit etwas Wasser, Salz, Pfeffer und Selleriepulver kochen.

3 Wenn das Gemüse gar ist, alles pürieren. Kräuter-Crème fraîche unterrühren und je nach gewünschter Konsistenz der Suppe noch Milch oder Wasser dazugeben.

Ein Rezept von Familie Rudolph aus Sohland am Rotstein.

TOMATEN-KARTOFFELSUPPE

1 Tomaten mit der Brühe aufkochen. Den Knoblauch schälen, durch die Presse drücken und mit den Kräutern zu der Brühe geben.

2 Die Kartoffeln schälen und klein würfeln, ca. 15 Min. in der Brühe gar kochen.

3 Alles mit Tomatenmark, Kräutersalz und Pfeffer und evtl. Zucker abschmecken.
Mit Schmand und Käse servieren.

Ein Rezept von Familie Ruß aus Herzogenaurach.

Ihr Tipp: „Wir nehmen meistens fertig kleingewürfelten Knoblauch aus der Tiefkühltruhe."

ZUTATEN
1 Dose stückige Tomaten (400 g)
400 ml Gemüsebrühe (Instant)
3 Knoblauchzehen
1 TL Kräuter der Provence
300 g Kartoffeln
3 TL Tomatenmark
Kräutersalz, Pfeffer, Zucker
4 TL Schmand
4 EL geriebenen Parmesan
(oder anderen geriebenen Käse)

HÜLSENFRÜCHTEEINTOPF (VEGAN)

ZUTATEN
300 g gemischte getrocknete Hülsenfrüchte
250 g Kartoffeln
1 Dose (330 g) stückige Tomaten
2 EL gekörnte Brühe
Pfeffer, Paprikapulver
2 TL gemischte Kräuter (TK)
1 TL fein gehackter Liebstöckel
(frisch oder getrocknet)

1 Die Hülsenfrüchte über Nacht in Wasser einweichen. In einem Topf mit Wasser bedeckt aufkochen, Temperatur reduzieren und etwa 60 Min. köcheln lassen.

2 Kartoffeln schälen, waschen und in Würfel schneiden. Nach etwa 25 Min. zu den Hülsenfrüchten geben, noch einmal kurz aufkochen lassen und alles die restliche Zeit weiterköcheln.

3 Die Tomaten ebenfalls hinzugeben und gut unterrühren. Zum Schluss mit Brühe, Pfeffer, Paprikapulver und den Kräutern abschmecken.

Ein Rezept von Familie Odrich aus Schöffengrund.

Ihr Tipp: „Vor dem Servieren mit einem Schuss Essig verfeinern."

KÜRBISSUPPE

ZUTATEN

1 walnussgroßes Stück Ingwer
1 Zwiebel
1 EL Butter
1 Hokkaido-Kürbis
ca. 1 l Gemüsebrühe
1/4 l Sahne
Salz, Pfeffer
ca. 100 g Kürbis- oder
Sonnenblumenkerne,
geröstet und gesalzen

1 Ingwer schälen und klein schneiden, Zwiebel würfeln. Beides in einem großen Topf in Butter anbraten.

2 Hokkaido-Kürbis heiß spülen, zerteilen, Stielansatz und Kerne entfernen und grob zerkleinern. Zu Ingwer und Zwiebeln in den Topf geben, mit heißer Gemüsebrühe aufgießen, etwa 15 Min. garen lassen.

3 Die Sahne dazugeben und die Suppe pürieren. Mit Salz und Pfeffer abschmecken. Mit gerösteten und gesalzenen Kürbis- oder Sonnenblumenkernen bestreut servieren.

Ein Rezept von Familie Hesse aus Lampertheim.
Als Variation empfehlen sie ein indisch angehauchtes Alternativrezept:
„Mehr Ingwer, dazu Kurkuma, Kumin und gemahlenen Koriander. In 1 Dose Kokosmilch und etwas weniger Gemüsebrühe garen. Nach dem Pürieren mit Mandelblättern oder Cashewkernen servieren."

PARTYSUPPE

1 Den Räuchertofu mit einer Gabel zerbröseln oder klein hacken. Im Öl 5 Min. scharf anbraten, dann die gewürfelten Zwiebeln und Knoblauchzehen mitbraten.

2 Karotten und Sellerie klein würfeln und zugeben, kurz anbraten und mit den stückigen Tomaten ablöschen. Etwas köcheln lassen, dann Paprika in Stücken, Peperonischeiben und Ingwerwürfel, die abgetropften Maiskörner und Kindneybohnen dazugeben. So viel Wasser mit Gemüsebrühepulver in den Topf gießen, dass es „suppig" wird. Mit den Gewürzen kräftig abschmecken und noch etwas köcheln lassen.

Ein Rezept von Familie Rhein aus Lörrach.
Ihre Tipps: „Mit frischem Baguette servieren. Die Partysuppe schmeckt auch aufgewärmt sehr gut. Die Menge der Suppe lässt sich leicht vervielfachen – je nach Größe der Party."

ZUTATEN (CA. 8 PERSONEN)

250 g Räuchertofu
3 EL Öl
2 Zwiebeln
3 Knoblauchzehen
3 Karotten
1/2 Sellerie
3 Dosen stückige Tomaten
1 rote Paprika
1 gelbe Paprika
1 Stück Peperoni
1 Stück Ingwer
1 Dose Mais
1 Dose Kidneybohnen
Gemüsebrühepulver
Salz, Pfeffer, Paprika

ZITRONEN-THYMIAN-KARTOFFELSUPPE

1 Die Kartoffeln schälen und fein würfeln. Die Zwiebel fein würfeln und in Butter andünsten.

2 Die Kartoffelwürfel dazugeben, kurz in der Butter unter Rühren anschwitzen. Gemüsebrühe und Sahne dazugeben und garen lassen.

3 Mit Thymian, dem Saft und der abgeriebenen Schale der Zitrone, Salz und Pfeffer abschmecken.

Ein Rezept von Familie Hesse aus Lampertheim. Annelie Hesse empfiehlt:
„Besonders nährend und sättigend sind vegetarische Mahlzeiten, die aus einem ersten Salat- oder Rohkostgang und einem anschließenden gekochten Gericht bestehen."
Die Vorspeisen-Empfehlung zu dieser Suppe: Rote-Bete-Carpaccio mit Senf-Vinaigrette und Walnüssen.

ZUTATEN

ca. 1 1/2 Kilo mehlig kochende Kartoffeln
1 Zwiebel
1 EL Butter
1 l Gemüsebrühe oder Fond
250 ml Sahne
Thymian
1 unbehandelte Zitrone
Salz, Pfeffer

MÖHRENCREMESUPPE

1 Die Zwiebel würfeln und im Öl glasig dünsten.

2 Mit Wasser ablöschen, die Gemüsebrühwürfel hinzufügen und alles aufkochen lassen. Unter Rühren den gemahlenen Weizen bzw. das Mehl einstreuen.

3 Möhren bis auf eine in dünne Scheiben schneiden und mit dem Tomatenmark hinzufügen. Bei kleiner Hitze etwa 20 Min. kochen. Danach die Suppe mit
dem Pürierstab oder dem Mixer möglichst fein pürieren, die Sahne unterziehen,
mit Kräutersalz und Pfeffer abschmecken.

4 Vor dem Servieren eine grob geraspelte Möhre und die gehobelten Mandeln
über die Suppe streuen und mit Petersilie garnieren.

Ein Rezept von Familie Spohn aus Engstingen.

ZUTATEN

1 Zwiebel
1 EL Öl
2 Gemüsebrühwürfel
1 l Wasser
50 g Weizen, frisch gemahlen,
od. Mehl
500 g Möhren
2 TL Tomatenmark
60 g Sahne
Pfeffer, Kräutersalz
30 g grob gehobelte Mandeln
fein gehackte Petersilie

RAVIOLI-EINTOPF

1 Zwiebeln schälen, nach Geschmack grob oder fein schneiden.
In Öl unter Rühren 4 Min. anbraten. Mit passierten Tomaten ablöschen.
Pesto und einen Teil Brühe zugeben, alles zum Kochen bringen.

2 Ravioli und klein geschnittene Tomaten zugeben, garen.
So viel Brühe zugeben, bis der Eintopf die gewünschte Konsistenz hat.

3 Crème fraîche einrühren, erhitzen. Mit Salz, Pfeffer und Pesto
abschmecken. Mit Basilikum oder anderen frischen Kräutern nach
Geschmack garnieren.

Ein Rezept von Familie Piehler aus Ulm.

ZUTATEN (CA. 8 PERSONEN)

2 Zwiebeln
2 EL Olivenöl
750 g passierte Tomaten
2 EL Pesto
800 ml Gemüsebrühe
3–4 Tomaten oder 1 Dose stückige Tomaten
500 g Ravioli (oder Tortellini) mit
vegetarischer Füllung nach Geschmack
150 g Crème fraîche oder Schmand
Salz, Pfeffer
Basilikum oder andere frische Kräuter

ZUTATEN

400 g Spirelli

50 g Sonnenblumenkerne

250 g Cocktail-Tomaten

1 EL Zucker

100 g Feta (alternativ Mozzarella oder Gouda)

Basilikum oder Rucola

Öl

milder Essig

Salz, Pfeffer

Oliven nach Geschmack

TOMATEN-NUDELSALAT

1 Nudeln kochen und abkühlen lassen.

2 Die Sonnenblumenkerne in einer kleinen Pfanne ohne Fett leicht anrösten und abkühlen lassen.

3 Die Tomaten waschen, halbieren und mit dem Zucker bestreuen.

4 Den Käse in kleine Würfel schneiden.

5 Nudeln mit Sonnenblumenkernen, Tomaten, Käse, Basilikum oder Rucola und ggf. Oliven in eine Schüssel geben.

6 Öl, Essig, Salz und Pfeffer mischen und unterrühren.

Ein Rezept von Familie Fischer aus Hanau:

„Unsere Kinder nehmen von diesem Nudelsalat gern eine Portion als Mittagessen an einem langen Schultag mit."

ITALIENISCHER NUDELSALAT

1 Die Nudeln kochen und etwas abkühlen lassen. Nudeln in einer großen Schüssel mit Pesto und saurer Sahne bzw. Schmand verrühren.

2 Die Paprika in kleinen Würfeln dazugeben.

3 Die Pinienkerne oder Cashews kurz in der Pfanne anrösten.

4 Kurz vor dem Servieren die in Würfel geschnittenen Tomaten und Mozzarellastücke unterheben.

5 Mit Salz, Paprika und Oregano würzen. Falls der Salat zu trocken erscheint, noch etwas Olivenöl oder Ketchup dazugeben. Pinien- oder Cashewkerne über den Salat streuen.

Ein Rezept von Familie Schmidt aus Nidda.

ZUTATEN

400 g Nudeln
1 Glas Pesto Rosso oder Calabrese
150 g saure Sahne oder Schmand
1 rote Paprika
4 EL Pinien- oder Cashewkerne
3 Tomaten oder ein paar eingelegte Tomaten
150 g Mozzarella

ZUTATEN

400 g Nudeln
2 Schalotten (oder 1 Zwiebel)
1 Knoblauchzehe
1 mittelgroßer Zucchino
1 Schlangengurke
1 rote und 1 gelbe Paprika
200 g Schafskäse
Oliven mit Paprikafüllung
Olivenöl
Balsamico-Essig
Salz, Pfeffer, Paprika, Oregano

GRIECHISCHER NUDELSALAT

1 Nudeln kochen und abkühlen lassen.

2 Schalotten und Knoblauch fein würfeln.

3 Den Zucchino längs halbieren und in dünne Scheiben hobeln.

4 Gurke, Paprika und den Schafskäse würfeln, die Oliven halbieren.

5 Alle Zutaten mit Öl und Essig mischen und mit den Gewürzen abschmecken.

Ein Rezept von Familie Wendland aus Bochum.

KARTOFFEL-TOMATEN-SALAT

ZUTATEN

1 kg kleine, festkochende Kartoffeln
Salz
400 g Tomaten
1 Bund Basilikum
100 g Mayonnaise
100 g saure Sahne
2 EL grünes Pesto
Salz, Pfeffer
1 TL Zitronensaft

1 Kartoffeln waschen und in kochendem Salzwasser ca.
20 Min. weich garen. Abgießen und ausdampfen lassen.

2 Tomaten waschen, in sehr kleine Würfel schneiden
(am besten ohne Kerne). Basilikum waschen, trocken schütteln
und Blättchen abzupfen. Blättchen in Streifen schneiden,
evtl. ein paar zum Garnieren aufheben.

3 Mayonnaise mit saurer Sahne und Pesto verrühren, mit Salz,
Pfeffer und Zitronensaft abschmecken.

4 Kartoffeln pellen, in kleine Würfel schneiden. Kartoffeln mit
der Soße, Basilikum und den Tomaten mischen und abschmecken.
Evtl. mit Basilikumblättchen garnieren.

Ein Rezept von Familie Degenhardt aus Diez.

PARADIES-SALAT

ZUTATEN

Soße:
1/2 Mango in Stücken
100 ml Multivitaminsaft
50 ml Öl
25 ml Zitronensaft
50 ml (Soja-)Sahne
1 TL Senf
Salz, Pfeffer

Salat:
grüne Salatblätter
restliche Mango
einige Früchte, z.B. Birne, Melone,
Papaya, Trauben, Ananas ...
evtl. 1 Handvoll milde Sprossen

1 Mangostücke mit den Soßenzutaten im Mixer oder mit dem
Pürierstab cremig mixen und in ein Kännchen umfüllen.

2 Pro Person einen Teller mit Salatblättern auslegen und die
in mundgerechte Stücke geschnittenen Früchte dekorativ darauf
verteilen. Mit einem Häufchen Sprossen toppen.

3 Die Soße darf sich jeder selbst am Tisch über den
Paradies-Salat gießen.

Ein Rezept von Familie Rhein aus Lörrach.
Ihr Tipp: „Der Salat eignet sich als Vorspeise oder als Hauptspeise
mit gebackenen Mini-Gemüsefrühlingsrollen."

AVOCADO-SALAT

1 Avocado in Stücke schneiden, Cherry-Tomaten ganz lassen oder halbieren.

2 (Viel) Senf dazugeben und umrühren. Braucht kein zusätzliches Salz oder Öl.

Ein Rezept von Familie Freuler aus Dürnten (Schweiz):
„Ein leckerer Salat, der bestens zum Grillfest passt."

QUINOA-SALAT (VEGAN)

ZUTATEN

1 große Tasse (250 ml) Quinoa
2 große Tassen (500 ml) Gemüsebrüh
1 Zwiebel
1 Paprika
2 Möhren
2 Tomaten
2 TL körniger Senf
1 EL Kräuteressig
2 EL dunkler Balsamico
Salz, Pfeffer
eine Handvoll gemischte Gartenkräuter (z.B. Petersilie, Schnittlauch,
Dill, Liebstöckel)
3 EL Rapsöl

1 Quinoa mit Hilfe eines Siebs unter heißem Wasser abwaschen, um mögliche Rückstände von Bitterstoffen aus der Schale zu entfernen. Mit der Gemüsebrühe in einem Topf aufkochen lassen. Auf niedriger Stufe etwa 20 Min. köcheln/ ausquellen lassen. Gegebenenfalls nach dem Kochen mit einer Gabel auflockern. Abkühlen lassen.

2 Zwiebel, Paprika, Möhren und Tomaten klein schneiden. Bei den Tomaten nur das Äußere verwenden, sonst landet zu viel Flüssigkeit im Salat.

3 Die abgekühlte Quinoa in eine große Schüssel geben. Zuerst den Senf gut unterrühren. Dann das klein geschnittene Gemüse dazugeben. Mit Essig, Balsamico, Salz, Pfeffer und Kräutern würzen und alles gründlich vermengen. Zum Schluss das Öl dazugeben und noch einmal vermischen.

Ein Rezept von Familie Odrich aus Schöffengrund.
Ihr Tipp: „Der Salat eignet sich als Beilage zu Gegrilltem oder auf dem Buffet, als Vorspeise, Zwischenmahlzeit oder auch zum Sattessen. Das Gemüse lässt sich nach Belieben variieren – auch Brokkoli, Mais, Zucchini, Oliven oder Champignons passen wunderbar."

FENCHELSALAT

ZUTATEN (CA. 8 PERSONEN)

2 Fenchelknollen
Basilikum, Salz
4 EL Weißweinessig
8 EL Olivenöl

1 Fenchel waschen, holzige Blätter entfernen, auf Gemüsehobel in feine Scheiben hobeln.

2 Basilikum, Salz, Essig und Öl zugeben, vermischen und abschmecken.

Ein Rezept von Familie Piehler aus Ulm:
„Der Salat hört sich vielleicht nicht lecker an, ist aber der unangefochtene Lieblingssalat unserer Kinder und hat bisher allen Gästen geschmeckt."

Zutaten

500 g Spaghetti
5 Tomaten
Olivenöl
Parmesan, gerieben
Salz, Pfeffer, Zucker
ein paar Zweige frischen Majoran oder
1/2 TL getrockneten Majoran
ein Zweig frischen Thymian bzw.
1/4 TL getrockneten Thymian
ein Zweig frischen Rosmarin bzw.
1/4 TL getrockneten Rosmarin
Rucola und Basilikum nach Belieben
evtl. eine Knoblauchzehe
evtl. eine halbe Zwiebel

Spaghetti Pomodoro

1 Spaghetti in Salzwasser al dente kochen, abseihen.

2 Tomaten in Würfel schneiden und im Spaghetti-Topf in reichlich Olivenöl andünsten. Nach Belieben Zwiebel und Knoblauch klein geschnitten dazugeben. Eine Prise Salz, eine Prise Zucker und Pfeffer dazugeben.

3 Die Kräuter (wenn möglich frisch) klein schneiden. Majoran, Thymian und Rosmarin zu den Tomaten geben. Jetzt die Spaghetti hinzufügen, alles gut durchmengen und zum Schluss den Parmesan, den Rucola und das Basilikum dazugeben und vermischen.

Ein Rezept von Familie Schmider aus Langenhaslach:
„Wir haben bewusst ein schnelles und einfaches Rezept ausgesucht. Es ist ausreichend für unsere fünfköpfige Familie, geht schnell und alle mögen es. Außerdem hat man nur einen Topf zu spülen."

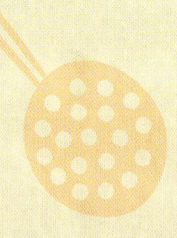

GEMÜSE-BANDNUDELN

1 Die Möhren und die Zucchini waschen und putzen. Mit dem Sparschäler in Bänder schneiden.

2 Die Nudeln in Gemüsebrühe kochen. Kurz vor Ende der Garzeit die Gemüsebänder dazugeben. 1 Min. kochen und abgießen. Die Kochbrühe auffangen.

3 In einem kleinen Topf die Butter schmelzen. Das Mehl dazugeben und mit ca. 200 ml der Kochbrühe zu einer hellen Béchamelsoße verrühren. Die Soße mit Salz und Pfeffer abschmecken, vom Herd nehmen und den geriebenen Käse und die geschnittenen Kräuter einrühren. Die Soße zu den Gemüse-Bandnudeln servieren.

Ein Rezept von Familie Fischer aus Hanau:
„Ein schnelles und lustiges Gericht."

ZUTATEN

400 g Bandnudeln
2 Zucchini
2 große Möhren
Gemüsebrühe
150 g geriebener Käse
2 EL Butter
2 EL Mehl
Salz, Pfeffer
Kräuter nach Geschmack

ZUTATEN

400 g Nudeln, z.B. Fusilli
2 Zwiebeln, gewürfelt
1 rote Paprika, gewürfelt
1 gelbe Paprika, gewürfelt
2 EL Öl
4 Eier

NUDELPFANNE MIT PAPRIKA

1 Nudeln in reichlich Salzwasser kochen und abseihen.

2 Zwiebeln und Paprika in einer Pfanne mit dem Öl anbraten. Die gekochten Nudeln dazugeben, mehrmals wenden.

3 Die Eier in einem Becher verrühren und darüber gießen. Stocken lassen.

Ein Rezept von Familie Scheffler aus Tangstedt.
Ihr Tipp: „Wer mag, kann noch geriebenen Käse und/oder Lauchzwiebel-Röllchen über die Nudelpfanne streuen."

EIERNUDELN MIT LAUCH-SPINAT

1 Lauch putzen, längs aufschneiden, gründlich waschen und in feine Streifen schneiden.

2 Nudeln in Salzwasser garen.

3 Öl oder Butter erhitzen und den Lauch darin andünsten. Spinat und evtl. etwas Zitronensaft hinzugeben und zugedeckt bei schwacher Hitze 8 bis 10 Min. auftauen und garen. Gelegentlich umrühren.

4 Sahne und Käse unter die Spinatmischung geben. Falls die Soße zu dick ist, mit saurer Sahne binden. Mit Salz, Pfeffer und evtl. Zitronensaft abschmecken. Nudeln abgießen und mit Spinat mischen.

Ein Rezept von Familie Degenhardt aus Diez.

ZUTATEN

2 dicke Stangen Lauch
evtl. Zitronensaft
400 g Eiernudeln
Salz
etwas Öl oder Butter
ca. 350 g Tiefkühl-Blattspinat
1 Becher Sahne
evtl. 2 EL saure Sahne
50 g geriebener Parmesan
Pfeffer

TORTELLINI MIT SCHNITTLAUCH-KÄSE-SOßE

ZUTATEN

500 g Tortellini
(z.B. mit Ricotta-Spinat-Füllung)
1 Zwiebel
2 EL Butter oder Öl
1 gehäufter EL Mehl
1/4 l heiße Gemüsebrühe
250 g Sahne
Salz, Pfeffer
1 Prise geriebene Muskatnuss
200 g Sahne-Schmelzkäse
1 Bund Schnittlauch
1 Eigelb

1 Tortellini nach Packungsanweisung bissfest garen.

2 Inzwischen die Zwiebel schälen und fein würfeln. Butter/Öl in einem Topf erhitzen und die Zwiebel darin glasig dünsten. Mehl darüberstäuben und goldgelb anbraten. Nach und nach mit Brühe ablöschen, dabei gut verrühren. Unter ständigem Rühren zum Kochen bringen.

3 Sahne in die Soße rühren und alles aufkochen lassen. Soße mit Salz, Pfeffer und Muskat würzen. Den Schmelzkäse in kleinen Stückchen nach und nach bei schwacher Hitze in der Soße schmelzen.

4 Tortellini abgießen und abtropfen lassen.

5 Schnittlauch waschen, trocken schütteln, in Röllchen schneiden und in die Soße rühren.

6 Das Eigelb mit 2 EL Soße verrühren, diese Mischung wieder zur Soße geben.

7 Tortellini unter die Soße mischen.

Ein Rezept von Familie Degenhardt aus Diez.
Ihr Tipp: „Wenn keine Kinder mitessen, kann man die Hälfte der Gemüsebrühe durch Weißwein ersetzen.

29

ZUTATEN

Spätzle:
175 g Tiefkühl-Spinat
300 g Mehl
2 Eier
1 TL Salz

Käsekruste:
1 Zwiebel
250 g Champignons
50 g Joghurt
50 g Crème fraîche
Salz, Pfeffer
100 g geriebener Käse

SPINATSPÄTZLE MIT KÄSEKRUSTE

1 Den Spinat auftauen. Mehl, Eier, Salz und Spinat zu einem Spätzleteig verrühren, quellen lassen.

2 Mit einer Spätzlepresse oder -reibe Spätzle herstellen, kochen und in eine Auflaufform geben.

3 Für die Käsekruste Zwiebeln würfeln und mit den geschnittenen Champignons andünsten.

4 Nun den Joghurt, die Crème fraîche und die Hälfte des geriebenen Käses unterrühren und mit Salz und Pfeffer abschmecken.

5 Danach die Masse auf den Spätzle verteilen und mit dem restlichen Käse bestreuen. Bei 180 Grad ca. 20 Min. überbacken.

Ein Rezept von Familie Biernat aus Weinsberg.
Sie empfehlen dazu Tomatensoße und grünen Salat.

SPAGHETTI MIT PESTO

1 Sonnenblumenkerne ohne Fett in einer Pfanne goldbraun rösten.

2 Basilikum von der Pflanze zupfen, immer einige Blättchen stehen lassen, dann erholt sich die Pflanze und man kann öfter ernten. (Bärlauch waschen, trocken schleudern und grob hacken.)

3 Alle Zutaten in den Zerkleinerer geben und gut durchhacken, bis eine gebundene Masse entsteht. Ganz zum Schluss das Olivenöl zugeben, bis die gewünschte Konsistenz entstanden ist. Das Pesto mit Salz und Pfeffer abschmecken.

4 Ein paar Teelöffel vom Pesto zu den frisch gekochten Nudeln geben. Mit einem Salat dazu hat man ein vollwertiges Essen.

Ein Rezept von Familie Fischer aus Hanau.
Ihr Tipp: „Das restliche Pesto in ein sauberes Glas geben und die Oberfläche mit Öl bedecken, so hält es sich im Kühlschrank eine Weile. Man kann es auch als Brotaufstrich essen oder zum Würzen verbrauchen."

ZUTATEN

70-80 g frischer Basilikum (oder Bärlauch)
50 g Sonnenblumenkerne
50 g Parmesan, frisch gerieben
2 Knoblauchzehen
abgeriebene Schale einer 1/2 Bio-Zitrone
etwas Zitronensaft
1 TL Zucker
Olivenöl
Salz, Pfeffer
500 g Spaghetti

PENNE MIT KOHLRABI UND PESTO

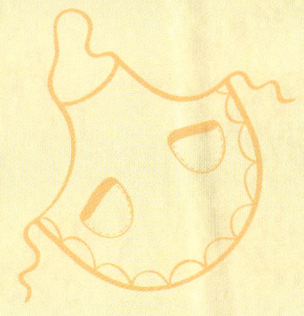

1 Nudeln in reichlich Salzwasser kochen.

2 Inzwischen die Kohlrabis schälen, von den holzigen Stellen befreien. In etwa 1/2 cm dicke Scheiben, dann in ebenso dicke Stifte schneiden (etwa Nudellänge).

3 Butter und Öl in einer großen Pfanne erhitzen. Kohlrabi-Stifte darin bei mittlerer Hitze unter Rühren ca. 6 Min. braten, bis sie bissfest sind. Das Pesto mit 1/2 Schöpfkelle Nudelkochwasser dazugeben. Das Gemüse mit Salz und Pfeffer abschmecken.

4 Nudeln abgießen, zu den Kohlrabistiften in die Pfanne geben und gut mischen. Mit Parmesan servieren.

Ein Rezept von Familie Degenhardt aus Diez.

ZUTATEN

400 g (Vollkorn-)Penne
Salz
2 kleine Kohlrabis (ca. 600 g)
1 EL Butter
1 EL Olivenöl
3 EL Pesto aus dem Glas
Pfeffer
evtl. Parmesan

ZUTATEN

500 g Farfalle oder andere Pasta
1 Glas Pesto
200 g Cocktailtomaten
1 Mozzarella-Kugel
1 Knoblauchzehe
1 Handvoll Pinienkerne
Olivenöl, Salz, Pfeffer

TOMATEN-MOZZARELLA-NUDELN MIT PESTO

1 Farfalle in reichlich Salzwasser bissfest kochen.

2 Die Pinienkerne in einer Pfanne ohne Öl anrösten.

3 Olivenöl bei geringer Hitze in einer großen Pfanne erwärmen, Knoblauch klein hacken und im Olivenöl andünsten.

4 Cocktailtomaten waschen und halbieren, Mozzarella in kleine Stücke schneiden.

5 Farfalle abgießen, zusammen mit dem Pesto, den Cocktailtomaten und dem Mozzarella in die Pfanne zum Knoblauch geben. Mit Salz und Pfeffer abschmecken, Pinienkerne darüberstreuen.

6 Alles erhitzen, sodass die Tomaten noch ganz bleiben und der Mozzarella zu zerfließen beginnt.

Ein Rezept von Familie Baumann aus Marienberg.

BANDNUDELN MIT KRÄUTERRAHM UND WALNÜSSEN

1 Bandnudeln in reichlich Salzwasser kochen.

2 Paprika, Zucchino und Lauch in Würfel schneiden, Champignons abtropfen lassen.

3 Die Butter in einer Pfanne schmelzen. Pilze und Gemüse darin schwenken, salzen und pfeffern.

4 Crème fraîche oder Kräuterfrischkäse dazugeben, 10 Min. einkochen lassen.

5 Mit den Nudeln vermengen. Walnüsse darüber streuen.

Ein Rezept von Familie Schäfer aus Hamburg.

ZUTATEN

400 g Bandnudeln
1 rote und 1 gelbe Paprika
1 Zucchino
1 Stange Lauch
1 Dose Champignons in Scheiben
1 EL Butter
Salz, Pfeffer
200 g Crème fraîche mit Kräutern oder Kräuterfrischkäse
4 EL gehackte Walnüsse

PASTA MIT KAROTTEN-MASCARPONE-SOßE

1 Die Nudeln in reichlich Salzwasser kochen.

2 Inzwischen die Karotten klein schneiden, in 1 EL Olivenöl andünsten. Getrockneten Basilikum jetzt zugeben, frischen erst nach dem Kochen. Wenig Wasser zufügen, die Karotten sollten nicht ganz bedeckt sein. Aufkochen, dann auf kleiner Stufe weich kochen.

3 Topf vom Herd nehmen, Karotten pürieren. Mascarpone zugeben. Viel Mascarpone ergibt eine sehr cremige, dicke Soße. Weniger Mascarpone ergibt eine kalorienfreundliche, flüssigere Soße.

4 Zum Schluss noch 1–3 EL Olivenöl zugeben. Mit wenig Salz würzen. Die Soße schmeckt nur mit wenig Salz gut, damit es mit dem sehr milden, süßlichen Karotten-Basilikum-Geschmack harmoniert.

Ein Rezept von Familie Freuler aus Dürnten (Schweiz).
Ihr Tipp: „Die Soße schmeckt auch kalt, z. B. als Brotaufstrich. Experimentierfreudige können das Gemüse variieren, z. B. Spinat (dann ohne Basilikum) oder Zucchini."

ZUTATEN

400 g Nudeln
ca. 8 Karotten
1 Handvoll Basilikum
(frisch oder getrocknet)
4 EL Olivenöl
ca. 125 g Mascarpone (nach Bedarf)
Salz

Erbsen-Carbonara

1 Räuchertofu in kleine Würfel schneiden. Pasta nach Packungs-angabe garen, in ein Sieb gießen. Zwiebeln schälen und fein hacken. Petersilie waschen, trocken schleudern und fein hacken.

2 Tofuwürfel in heißem Olivenöl anbraten, bis sie kross sind. Zwiebelwürfel zugeben, 3 Min. braten. Mit Sahne ablöschen, aufkochen lassen.

3 Erbsen in die köchelnde Soße geben und garen. Margarine und 2/3 der Petersilie zugeben. Mit Pfeffer und Brühepulver od. Salz abschmecken. Mit restlicher Petersilie garnieren.

Ein Rezept von Familie Piehler aus Ulm:
„Wenn es vegan sein soll, kann man Hafer- oder Sojasahne nehmen."

Zutaten

200 g Räuchertofu

400–500 g Pasta nach Wunsch

2 Zwiebeln

1 Bund Petersilie

6 EL Olivenöl

400 ml Sahne

300 g TK-Erbsen

1 EL Butter, Margarine oder Olivenöl

frisch gemahlener Pfeffer,

Brühepulver od. Salz

SPAGHETTI MIT TOFU-BOLOGNESE

ZUTATEN

- 400 g Tofu
- 2 Zwiebeln
- 4 Knoblauchzehen
- 80 ml Olivenöl
- 8 EL Tomatenmark
- 250 ml Brühe
- 400–500 g Spaghetti
- 300 g passierte Tomaten
- 2 TL Agavendicksaft
- 2 TL Oregano
- Salz, Pfeffer
- 1 Bund frisches Basilikum
- 200 g Parmesan gerieben
  (für die vegane/lactosefreie Variante
  80 g Pinien- oder Mandelkerne und
  100 g Hefeflocken)

1 Tofu mit einer Gabel zerbröseln. Zwiebeln fein hacken, Knoblauch pressen oder fein hacken.

2 Tofu in Olivenöl unter häufigem Rühren bei ordentlicher Hitze ca. 5 Min. anbraten. Zwiebeln zugeben, 2 Min. braten. Knoblauch zugeben, 2 Min. braten. Tomatenmark zugeben, 2 Min. anschwitzen. Mit Brühe ablöschen und 5 Min. einkochen lassen.

3 Spaghetti nach Packungsangabe al dente kochen.

4 Passierte Tomaten, Agavendicksaft und Oregano zur Soße geben, 3 Min. köcheln lassen. Mit Salz und Pfeffer abschmecken, gehacktes Basilikum einrühren. Geriebenen Parmesan auf den Tisch stellen. Oder für die vegane Variante Kerne 3 Min. ohne Fett in einer Pfanne anrösten, mit Hefeflocken und Salz zu Pulver pürieren.

Ein Rezept von Familie Piehler aus Ulm.

SONNENBLUMEN-SPAGHETTI

ZUTATEN

400 g Spaghetti
50 g Sonnenblumenkerne
1 kleine Karotte
1 Zwiebel
2 Knoblauchzehen
3 EL Öl
1 Dose gehackte Tomaten
5 EL Tomatenmark
etwas Rotwein oder Wasser
2 TL Pizzakräuter
Salz, Pfeffer
frisches Basilikum
1/2 Tasse Cashewkerne
1/2 TL Salz

1 Spaghetti in reichlich Salzwasser kochen und abgießen.

2 Inzwischen Sonnenblumenkerne hacken, Karotte raspeln.

3 Zwiebel und Knoblauchzehen würfeln und mit den Pizzakräutern im Öl andünsten.

4 Sonnenblumenkerne zugeben und mit anbraten.

5 Karottenraspel, Tomaten, Tomatenmark und so viel Flüssigkeit zugeben, dass eine schöne Soße entsteht. Etwas köcheln lassen. Mit Salz, Pfeffer und Basilikum abschmecken.

6 Cashewkerne mit Salz im Mixer grob hacken.

7 Spaghetti mit der Soße servieren. Mit den Cashews bestreuen.

Ein Rezept von Familie Rhein aus Lörrach.
Ihr Tipp: „Wer die Soße würziger mag, kann die Sonnenblumenkerne durch Grünkernschrot ersetzen. Dann etwas länger köcheln lassen."

AUS
TOPF UND
PFANNE

Schummelgnocchi mit Tomaten-Gemüsesoße

Zutaten

- 1 Packung frischer Kloßteig
- 100 g Mehl
- 1 Ei
- Kräutersalz
- 1 Zwiebel
- 1 Knoblauchzehe
- 1-2 Zucchini
- 2 Karotten
- 1 Stückchen Sellerie
- Olivenöl
- 4 EL Balsamico-Essig
- 1 Lorbeerblatt
- 1 EL Zucker
- je 1 EL getrockneter Oregano und Rosmarin
- Salz, Pfeffer, Paprika
- 1 Packung passierte Tomaten
- Käse, z.B. Gorgonzola, Peccorino, Parmesan oder Gouda

1 Den frischen Kloßteig mit dem Mehl, Ei und etwas Kräutersalz in einer Rührschüssel mit dem Mixer verkneten. Große Teller oder ein Tablett mit Mehl bestäuben.

2 Aus dem Teig auf den Mehltellern kleine Gnocchi formen. Sie kleben sehr und das Mehl sorgt dafür, dass nichts anklebt.

3 In einem großen flachen Topf Wasser zum Kochen bringen. Salzen und die Gnocchi in 2 Portionen garen. Sie sollten kurz aufkochen und 3–4 Min. gar ziehen. Mit einem Schaumlöffel aus dem Topf fischen und in einer Schüssel warm stellen.

4 Das Gemüse säubern und grob zerkleinern. In Olivenöl anrösten und dann mit dem Essig und einer Tasse Wasser ablöschen. Kräuter, Zucker, Salz, Pfeffer und Lorbeerblatt hinzugeben und ca. 10 Min. dünsten.

5 Das Lorbeerblatt entfernen und die passierten Tomaten dazu geben. Alles mit dem Pürierstab pürieren und abschmecken. Eventuell mit etwas Kartoffelmehl andicken.

6 Die Soße zu den Gnocchi geben und den Käse darüberbröseln.

Ein Rezept von Familie Fischer aus Hanau.
Ihr Tipp: „Die Soße schmeckt natürlich auch mit Nudeln. Ich habe sie entwickelt, weil unsere Kinder gern Tomatensoße mögen, wenn darin kein Gemüse mehr zu sehen ist."

APFELROTKOHL MIT POLENTA-KÄSE-NOCKEN

1 Den Rotkohl putzen, halbieren, den Strunk rausschneiden und den Kohl in feine Streifen hobeln oder schneiden. Die Zwiebel würfeln und beides in heißem Öl anbraten.

2 Die Äpfel waschen, vierteln und in Scheiben schneiden. Zu dem Kohl geben, mit Saft/Wein und Essig aufgießen und alle Gewürze dazugeben. Auf kleiner Flamme ca. 30 Min. garen.

3 Gemüsebrühe und Sahne aufkochen. Polenta mit dem Schneebesen einrühren und 10 Min. im geschlossenen Topf auf kleinster Hitze quellen lassen, dabei ab und zu umrühren.

4 Den Käse fein reiben. Die Petersilie hacken.

5 Die Polenta vom Herd nehmen. Butter, Käse und Petersilie unterrühren und mit Salz, Pfeffer und etwas Muskat abschmecken.

6 Butter unter den Rotkohl heben und auf Tellern portionieren. Mit zwei Esslöffeln aus der Polentamasse Nocken abstechen und auf dem Rotkohl anrichten.

Ein Rezept von Familie Fischer aus Hanau.
Ihr Tipp: „Es lohnt sich, den Rotkohl selbst zuzubereiten. Es ist günstiger und so lecker!"

ZUTATEN

Apfelrotkohl:
1 1/2 kg Rotkohl
2 Zwiebeln
3 Äpfel
200 ml Trauben- oder Apfelsaft (oder Rotwein)
4 EL Balsamico-Essig
2 Nelken, 1 Lorbeerblatt
Pfeffer, Salz, Zimt
3 EL Zucker
Öl
1–2 EL Butter

Polenta-Käse-Nocken:
300 ml Gemüsebrühe
200 ml Sahne
180 g Polenta (Maisgrieß)
100 g Bergkäse (oder Gouda)
1/2 Bund Petersilie
1 EL Butter
Salz, Pfeffer, Muskat

RISI-PISI

ZUTATEN

2 Karotten
1 EL Öl
1 TL Butter
500 g Parboiled Reis
400 g TK-Erbsen
800 ml Instant-Gemüsebrühe
Salz, Pfeffer
2 EL Balsamico bianco
Parmesan, gerieben

1 Karotten schälen, auf der Gemüsereibe grob raspeln. Öl und Butter in einem Topf erhitzen, Karottenraspeln darin unter Rühren andünsten.

2 Reis in einem Sieb mit kaltem Wasser abspülen, abtropfen lassen und mit den Erbsen zu den Karotten geben. Gemüsebrühe angießen, mit Salz und Pfeffer würzen und bei mittlerer Hitze 15–18 Min. köcheln lassen, dabei immer wieder umrühren.

3 Balsamico bianco und 6 EL geriebenen Parmesan zugeben, alles gut vermischen. Mit Salz, Pfeffer und Balsamico bianco abschmecken. Parmesan zum Darüberstreuen auf den Tisch stellen.

Ein Rezept von Familie Nesgaard aus München.

DINKEL MIT GEMÜSEMIX (VEGAN)

ZUTATEN

1 Zwiebel

1 Knoblauchzehe

Öl zum Braten

1 große Tasse (250 ml) Kochdinkel

2 große Tassen (500 ml) Wasser

1 EL Tomatenmark

2 TL gekörnte Brühe

2 TL kleingehackte Tiefkühl-Kräuter (Gartenkräuter)

1 TL getrockneter, kleingehackter Liebstöckel

500 g gemischtes Gemüse nach Geschmack

Salz, frisch gemahlener Pfeffer, Paprika

getrocknete oder frische mediterrane Kräuter (z.B. Oregano, Thymian, Basilikum)

1 Die Zwiebel und den Knoblauch schälen. Zwiebel kleinhacken, Knoblauch durch die Presse drücken. 1 EL Öl in einem Topf erhitzen und die Zwiebel und den Knoblauch darin andünsten. Den Dinkel hinzugeben und kurz anrösten. Mit Wasser aufgießen und zum Kochen bringen. Auf niedriger Stufe etwa 20–25 Minuten köcheln lassen.

2 Nach etwa 15 Minuten Tomatenmark und gekörnte Brühe unterrühren. Nach Ende der Kochzeit die Tiefkühl-Kräuter und den Liebstöckel untermischen. Gegebenenfalls mit Salz und Pfeffer abschmecken.

3 Zwischenzeitlich Gemüse klein schneiden und mit Öl in einer Pfanne anbraten. Es sollte gar, aber bissfest sein. Mit Gewürzen und Kräutern abschmecken und zum Dinkel servieren.

Ein Rezept von Familie Odrich aus Schöffengrund.

Ihr Tipp: „Zum Gemüse passen auch Bratling-Stückchen sehr gut. Hierzu einfach einen fertigen Gemüse- oder Getreidebratling (gekauft oder übrig vom Vortag) in Streifen schneiden und in der Pfanne mit anbraten."

HIRSE MIT SCHAFSKÄSESOße UND BROKKOLI

ZUTATEN

500 g Brokkoli

1 große Tasse Hirse

1 TL Instant-Gemüsebrühe

Olivenöl

1 Zwiebel

1 Knoblauchzehe

200 g Schafskäse

Pfeffer, Salz

1 Brokkoli in Wasser und Salz ca. 7 Min. knackig kochen. Das Gemüsewasser in ein Gefäß abgießen und aufbewahren, das Gemüse warm stellen.

2 Die Hirse in einem feinen Sieb mit heißem Wasser abspülen, in einen Topf geben. Mit doppelter Menge kaltem Wasser auffüllen, zum Kochen bringen, Instant-Gemüsebrühe hinzufügen und quellen lassen (E-Herd-Platte ausschalten).

3 In einem weiteren Topf Olivenöl erhitzen, gewürfelte Zwiebel und Knoblauch dazugeben und dünsten. Ca. 1/2 l der Brokkoli-Gemüsebrühe hineingießen und aufkochen lassen. Dann den gewürfelten Schafskäse dazu. Das Ganze mit dem Pürierstab fein pürieren, anschließend ca. 10 Min. köcheln lassen. Mit frisch gemahlenem Pfeffer würzen (ggf. auch mit Salz, je nach Salzgehalt des Schafskäses). Sollte die Soße zu dünnflüssig sein, etwas andicken.

4 Hirse mit Brokkoli und Soße servieren.

Ein Rezept von Familie Künzel aus Hennef:

„Dieses Rezept ist zufällig entstanden und erfreut sich nun vor allem bei unseren Kindern großer Beliebtheit."

Zutaten

Sud:
3 EL Olivenöl
3 (rote) Zwiebeln
3 Knoblauchzehen
1/2 TL Zimt
1 EL Paprika
1/4 TL Cayennepfeffer
1/2 TL Ingwerpulver
1/2 TL Kreuzkümmel
1 EL Gemüsebrühepulver
750 ml Wasser
1 TL Salz
3 EL Tomatenmark

Gemüse:
5 Karotten
1 rote Paprika
1 gelbe Paprika
2 Zucchini
1/2 kleiner Kürbis
1/2 Tasse Rosinen
1 Dose Kichererbsen
1/2 Bund Petersilie

pro Person 1/2 Tasse Couscous

Orientalisches Couscous

1 Die Zwiebeln in Streifen, den Knoblauch in dünne Scheiben schneiden und im heißen Olivenöl andünsten. Die Gewürze bis auf das Salz zugeben und mit anbraten. Das Wasser zugießen und Gemüsebrühepulver, Salz und Tomatenmark einrühren. Den Sud etwa 15 Min. köcheln lassen.

2 Das Gemüse schälen und in grobe Stücke schneiden. Als Erstes die Karottenstücke in den heißen Sud geben und kochen lassen. Nach 5 Min. die Paprika- und Zucchinistücke und nach weiteren 5 Min. die Rosinen, Kürbiswürfel und die abgetropften und abgespülten Kichererbsen dazugeben. Köcheln lassen, bis die Kürbiswürfel weich sind. Zum Schluss die gehackte Petersilie unterrühren.
Das Couscous nach Packungsanleitung zubereiten.

Ein Rezept von Familie Rhein aus Lörrach:
„Dieses Gericht lässt sich gut vorbereiten: Den Sud kann man vorkochen und die Gemüsewürfel in einem Beutel im Kühlschrank aufbewahren. Dann braucht man nur noch das Couscous zubereiten und das Gemüse zum Garen in den Sud geben."

ZUTATEN

850 g festkochende Kartoffeln

150 g Navet-Rüben

150 g Möhren

150 g lila Möhren („Purple Haze")

100 g Fenchel

2 EL Öl

2 TL gekörnte Brühe

2 TL klein geschnittene Petersilie

1 TL grob gemahlener Pfeffer

1 TL gemahlener Muskat

1 EL Schmand

KARTOFFEL-RÜBCHEN-PFANNE

1 Kartoffeln, Navet-Rüben und beide Möhrensorten schälen, waschen und in Würfel schneiden. Fenchel waschen und ebenfalls in Würfel bzw. grobe Ringe schneiden.

2 Öl in einer Pfanne erhitzen. Kartoffeln, Navet-Rüben und Möhren anbraten. Temperatur herunterregeln und bei niedriger Hitze für 10 Min. dünsten. Fenchel hinzugeben und gut untermischen. Temperatur noch einmal auf mittlere Hitze stellen, Fenchel kurz anbraten und Temperatur wieder reduzieren. Alles für weitere 20 Min. garen lassen.

3 Mit Brühe, Petersilie, Pfeffer und Muskat abschmecken. Zum Schluss Schmand unterheben.

Ein Rezept von Familie Odrich aus Schöffengrund.

Info: Navet-Rüben, auch Mairüben genannt, sind geschmacklich eine Mischung aus Radieschen und Kohlrabi. Die runden Knollen sind meist lila-weiß gefärbt.

KARTOFFEL-KÄSE-PFANNE

1 Kartoffeln schälen, in dicke Scheiben schneiden und
10 Min. kochen. Abgießen und gut abtropfen lassen.

2 Frühlingszwiebeln putzen, waschen und in ca. 4 cm lange
Stücke schneiden. Schalotte schälen und in Scheiben schneiden.
Paprikaschote putzen, waschen und würfeln.

3 Kartoffeln und Gemüse in Butter/Öl braun braten.
Gelegentlich wenden, salzen.

4 Käse in dünne Scheiben schneiden und auf den
Kartoffeln schmelzen.

Ein Rezept von Familie Klink aus Brilon.
Ihr Tipp: „Dazu passt ein gemischter Blattsalat."

ZUTATEN

1 kg Kartoffeln
2 Bund Frühlingszwiebeln
1 Schalotte
1 rote Paprikaschote
ca. 2 EL Butter/Öl
Salz
200 g halbfester Schnittkäse
(z. B. Babybel)

PFANNENRÜHRGERICHT MIT TOFU UND GEMÜSE

1 Kartoffeln schälen, in Würfel schneiden, kochen, abtropfen
lassen, beiseite stellen.

2 Öl in einer Pfanne erhitzen, Zwiebel in Ringe schneiden und im
Öl dünsten. Tofu und Zucchini würfeln, zugeben und mitschmoren,
bis sie leicht braun sind. Kartoffeln zugeben.

3 Artischockenherzen, Tomaten, Zucker und Basilikum einrühren,
mit Salz und Pfeffer abschmecken. Weitere 5 Min. kochen, umrühren,
servieren, genießen.

Ein Rezept von Familie Samol aus Freudenberg.
„Dieses Gericht vereint die Lieblingszutaten unserer beiden Töchter:
Kartoffeln (Saskia, 1) und Tofu (Sophia, fast 3)."

ZUTATEN

175 g Kartoffeln
1 EL Olivenöl
1 rote Zwiebel
225 g Räucher-Tofu
2 Zucchini
8 Artischockenherzen aus der Dose
150 ml passierte Tomaten
1 TL Zucker
2 EL gehacktes Basilikum
Salz, Pfeffer

VEGETARISCHES GURKENGULASCH

ZUTATEN

12 Kartoffeln
Öl
1 Zwiebel
3 Salatgurken
Salz, Pfeffer
Dill (TK oder frisch)
200 g süße Sahne
200 g saure Sahne

1 Kartoffeln schälen, klein schneiden und in reichlich Salzwasser kochen.

2 Öl im Topf heiß werden lassen und die klein gewürfelte Zwiebel darin anbraten.

3 Gurken waschen, schälen, in Stücke schneiden und mit anbraten. Mit Salz, Pfeffer und Dill bestreuen. Süße und saure Sahne untermischen und 20 Min. kochen. Gurkengulasch mit den Salzkartoffeln servieren.

Ein Rezept von Familie Bräcker aus Salzkotten.

SCHWARZWURZELN MIT KARTOFFELBREI UND FELDSALAT

1 Die Schwarzwurzeln gut waschen. Dann in sauberes Wasser legen und einen guten Schuss Essig dazugeben. Der verhindert, dass die Finger und die Schwarzwurzeln braun werden. Einen Kochtopf halb mit Wasser füllen und einen Schuss Essig dazugeben.

2 Mit dem Sparschäler die Schwarzwurzeln schälen und in 10 cm lange Stücke schneiden, diese dann sofort in den Kochtopf legen. Etwas Salz und Zucker in den Topf geben. Das Wasser zum Kochen bringen und 8–10 Min. (je nach Dicke der Wurzeln) köcheln lassen.

3 In der Zwischenzeit Kartoffeln schälen und kochen.

4 Den Feldsalat verlesen und waschen. Den Apfel waschen und mit Schale fein würfeln. Aus der klein geschnittenen Zwiebel, Essig, Öl, Honig, Senf und Salz eine Salatsoße rühren.

5 Die gekochten Schwarzwurzeln abgießen. In einer beschichteten Pfanne Butter zerlaufen lassen und die Schwarzwurzeln vorsichtig rundherum anbraten. Zum Schluss mit etwas Semmelbröseln bestreuen und diese mit rösten.

6 Die garen Kartoffeln abgießen und mit heißer Milch, etwas Butter und geriebenem Muskat zu einem Brei stampfen. Den Salat anrichten und alles servieren.

Ein Rezept von Familie Fischer aus Hanau.
„Schwarzwurzeln bekommt man auf dem Markt und in gut sortierten Geschäften. Sie schmecken leicht nussig und nicht so süßlich wie Möhren."

ZUTATEN

800–1000 g Schwarzwurzeln
Essig
Salz, Pfeffer
Butter
Semmelbrösel
1,5 kg mehlig kochende Kartoffeln
250 ml Milch
Muskat
150 g Feldsalat
1 kleiner roter Apfel
1 kleine Zwiebel
3 EL Essig
5 EL Öl
2 TL Honig
1 TL Senf (nach Möglichkeit körnig)
1 TL Salz

BLUMENKOHL, ZUCCHINI UND KÄSE MIT STAMPFKARTOFFELN

1 Blumenkohl bissfest garen. Blumenkohlröschen vom Stiel abteilen, mit etwas Salz in Ei und Semmelbrösel wenden und anschließend in einer Pfanne mit Öl von mehreren Seiten goldbraun braten.

2 Zucchini bzw. Kürbis in ca. 1/2 cm dicke Scheiben oder Streifen schneiden und in 2 EL Öl mit gehacktem Knoblauch, Salz und Paprikagewürz einlegen. Etwas ziehen lassen.

3 Dann abtropfen lassen und mit Ei und Semmelbrösel panieren und von beiden Seiten braten.

4 Ebenso den Käse in ca. 1/2 cm dicke Scheiben schneiden, mit Ei und Semmelbrösel panieren und von beiden Seiten braten. Das restliche Ei mit etwas Paniermehl mischen und als „Eierschnitzel" braten.

5 Kartoffeln kochen, mit Salz würzen und mit Milch zu Kartoffelbrei stampfen.

Ein Rezept von Familie Rudolph aus Sohland am Rotstein.

ZUTATEN

1 Blumenkohl
2-3 Eier
Semmelbrösel
Salz
Öl
1 kleine Zucchini oder
1 Stück Kürbis
1 Knoblauchzehe
Paprikagewürz
100 g Käse am Stück oder
Camembert-Ecken
1 kg Kartoffeln
Milch

ZUTATEN

3 Kochbeutel Reis
1 rote und 1 gelbe Paprika
1 Bund Frühlingszwiebeln
1 Zucchino
4 Möhren
150 g Brokkoli
1 EL Öl
1 Dose Kokosmilch
2 EL Currypaste
1 gehäufter TL Speisestärke
4 EL Erdnüsse oder Cashewkerne

CURRY-GEMÜSE MIT NÜSSEN

1 Die Reis-Kochbeutel in Salzwasser kochen.

2 Gemüse waschen und klein schneiden. Öl in einer Pfanne erhitzen und Gemüse anbraten.

3 Kokosmilch dazugeben und 10 Min. kochen lassen.

4 Currypaste untermischen und salzen. Speisestärke in etwas kaltem Wasser auflösen und mitkochen lassen. Mit Reis und Nüssen servieren.

Ein Rezept von Familie Schäfer aus Hamburg.

SELLERIESCHNITZEL KASIMIR

1 Den Reis mit der doppelten Menge Wasser und dem Gemüse-brühepulver köcheln lassen, bis das Wasser aufgesogen ist.

2 Den Sellerie in ca. 1/2 cm dicke Scheiben schneiden, die Schale ringsum abschälen und die Scheiben kurz dampfgaren.

3 Einen tiefen Teller mit Semmelbröseln füllen, in einem zweiten tiefen Teller aus Stärke und Wasser eine flüssigen Soße anrühren. Die Selleriescheiben mit etwas Mehl bestäuben, kurz in die Soße tauchen und in den Semmelbröseln wälzen. In einer Pfanne mit heißem Öl auf beiden Seiten knusprig anbraten.

4 Die Currysoße nach Packungsanleitung zubereiten und die abgetropften Fruchtstücke und die Rosinen unterrühren.

5 Reis auf die Teller verteilen, eine Kuhle eindrücken und die Soße hineinfüllen. Mit den Sellerieschnitzeln servieren.

Ein Rezept von Familie Rhein aus Lörrach.

ZUTATEN

pro Person 1/3 Tasse Reis
1 TL Gemüsebrühepulver
1–2 Sellerieknollen
etwas Mehl
Semmelbrösel
3 EL Stärke
Öl zum Braten
1 Pk. Currysoße
1 Dose Fruchtcocktail
1/3 Tasse Rosinen

KICHERERBSENCURRY (VEGAN)

1 Kichererbsen abtropfen lassen. Paprika in größere, Lauch in kleine Streifen schneiden.

2 Sesamöl im Wok erhitzen. Ingwer hineinreiben. Paprika, Lauch und Kichererbsen kurz anbraten. In der Zwischenzeit Kokosmilch und Gemüse-brühe verrühren. In den Wok geben und umrühren. Kardamom unter-mischen und 5 Min. auf mittlerer Stufe mitköcheln lassen. Currypaste einrühren, mit Kreuzkümmel und Koriander würzen. Noch einmal 5 Min. auf niedriger Stufe köcheln lassen und vom Herd nehmen.

3 Zu Reis servieren.

Ein Rezept von Familie Odrich aus Schöffengrund.

ZUTATEN

2 Gläser Kichererbsen (à 350 g)
1 rote Paprika
1 gelbe Paprika
1/2 Stange Lauch
2 EL Sesamöl
1 daumengroßes Stück Ingwer
200 ml Kokosmilch
100 ml Gemüsebrühe
1 EL ganzer Kardamom
ca. 2 EL grüne Currypaste
(je nach gewünschter Schärfe)
2 TL Kreuzkümmel
1 TL Koriander
Reis

Nasi-Goreng mit Seitan

1 Erbsen in kochendem Salzwasser garen, in einem Sieb abschrecken. Cashewkerne ohne Fett anrösten, beiseite stellen.

2 Reis 7 Min. bei starker Hitze in 6 EL Öl anbraten, Currypulver untermischen, alles aus der Pfanne nehmen.

3 Karotten in Scheiben schneiden, Lauch in Ringe schneiden, Paprika und Chili waschen, entkernen und in schmale Streifen schneiden. Zwiebeln schälen, halbieren und in Ringe oder Würfel schneiden.

4 Seitan in feine Streifen oder Würfel schneiden, in 4 EL Öl 3 Min. anbraten, aus der Pfanne nehmen, ggf. auf Küchenpapier abtropfen lassen.

5 Karotten, Lauch, Paprika, Chili, Zwiebel und Erbsen mit 2 EL Öl 3 Min. anbraten. Reis und Seitan zugeben. Mit Sojasoße und Salz abschmecken. Mit Cashewkernen garnieren.

Ein Rezept von Familie Piehler aus Ulm.
Ihr Tipp: „Das Gericht kann mit praktisch allen Gemüsesorten gekocht werden – es lohnt sich, darauf zu achten, dass es verschiedenfarbige Gemüse sind."

Zutaten

300 g TK-Erbsen
Salz
80 g Cashewkerne
12 EL Rapsöl
800 g gekochter Basmatireis
ca. 1 TL Currypulver
3 Karotten
2 Stangen Lauch
1 rote Paprika
1 gelbe Chilischote
2 (rote) Zwiebeln
200 g Seitan
2 EL Sojasoße

Chili-Bohnen mit Reis

Zutaten

1 Zwiebel
1 EL Butter oder Öl
1 EL Tomatenmark
2–3 EL Chilipulver
1 Dose Kidney-Bohnen
Reis
200 g Schmand
Käse, gerieben

1 Zwiebel würfeln und in Butter/Öl glasig dünsten. Tomatenmark und Chilipulver anschwitzen.

2 Kidney-Bohnen mit Flüssigkeit zufügen und unter gelegentlichem Rühren 10 Min. erhitzen.

3 Dazu wird gekochter Reis, Schmand und geriebener Käse gereicht.

Ein Rezept von Familie Klink aus Brilon.

PFANNKUCHEN, BRATLINGE, PUFFER

ZUTATEN

Pfannkuchen:
300 g Dinkel- oder Weizenmehl
250 ml Wasser
250 ml Sojamilch
2 EL Öl
3 TL Backpulver
1 TL Salz

Gemüsefüllung:
1 Knoblauchzehe
10 Champignons
1 Karotte
4 Frühlingszwiebeln
2 EL Öl
1 Pk. TK-Blattspinat (aufgetaut)
1 kl. Dose Mais
10 Kirschtomaten
1 Spritzer (Soja-) Sahne
Salz, Pfeffer, Muskat

PFANNKUCHEN MIT GEMÜSEFÜLLUNG

1 Das Mehl mit den übrigen Zutaten zu einem klümpchenfreien Teig verrühren und 20 Min. stehen lassen. Dann nacheinander dünne Pfannkuchen backen. Im Backofen warmhalten.

2 Knoblauchzehe würfeln, Champignons putzen und in Scheiben schneiden, Karotte fein stifteln und Frühlingszwiebeln in Ringe schneiden. Alles zusammen im heißen Öl anbraten und mit den Gewürzen abschmecken.

3 Den Blattspinat und den Mais zugeben und einige Minuten dünsten lassen. Zum Schluss die Sahne unterrühren und die halbierten Kirschtomaten zufügen.

4 Pro Person auf eine Hälfte eines Pfannkuchens die Füllung verteilen und zuklappen. Alternativ kann man die Pfannkuchen auch dünn mit dem Gemüse belegen, aufrollen und in Stücke schneiden.

Ein Rezept von Familie Rhein aus Lörrach:

„Für Pfannkuchen braucht man tatsächlich keine Eier. Mit diesem Pfannkuchen-teig kann man auch gut Apfel-, Zwetschgen- oder Kirschküchlein backen. Dazu einfach die Obststücke in den Teig rühren, jeweils 3 Küchlein in der Pfanne von beiden Seiten anbraten und mit Zimtzucker bestreuen."

HERZHAFTE PFANNKUCHEN

1 Mehl, Eier, Milch und Salz zu einem glatten Teig verrühren und 30 Min. quellen lassen.

2 Schnittlauch klein schneiden, Möhren und Zucchino reiben, den Feta zerkrümeln.

3 Öl in einer Pfanne erhitzen, den Pfannenboden dünn mit Teig bedecken und mit einem Löffel verstreichen. Der Teig läuft durch die festen Zutaten nicht so gut.

4 Bei mäßiger Hitze beide Seiten ausbacken, warm servieren.

Ein Rezept von Familie Mann aus Grünhain-Beierfeld:

„In unseren Herkunftsfamilien gab es immer nur süße ‚Plinsen', nun gibt es beide. Dies ist ohne große zusätzliche Arbeit super zu machen, einfach erst die ‚normalen' Pfannkuchen (mit nur 1/4 TL Salz) ausbacken, dann geriebenen Zucchino, Möhren, Feta und Gewürze dazugeben."

ZUTATEN

250 g Mehl
4 Eier
375 ml Milch
3/4 – 1 TL Salz
Pfeffer
1 Handvoll Schnittlauch
3 Möhren
1 kleiner Zucchino
ca. 100 g Feta

ZUCCHINIPFANNKUCHEN MIT AUBERGINENCREME

1 Eier, Wasser, Mehl und Salz zu einem Pfannkuchenteig verrühren, den Zucchino fein raspeln und unterheben. Pfannkuchen ausbacken.

2 Die Aubergine fein würfeln und in Olivenöl anbraten. Passierte Tomaten zugeben, mit Rosmarin würzen und bei kleiner Hitze weich köcheln lassen. Vom Herd nehmen.

3 Feta zerkleinern und unterrühren (schmilzt dabei etwas), erst dann evtl. noch mit Salz abschmecken.

4 Die Pfannkuchen mit der Füllung bestreichen und zusammenklappen.

Ein Rezept von Familie Hesse aus Lampertheim.

ZUTATEN

6 Eier
500 ml Wasser
250 g frisch gemahlenes Dinkel- oder Weizenvollkornmehl
1/2 TL Salz
1 kleiner bis mittelgroßer Zucchino
1 Aubergine
2 EL Olivenöl
ca. 250 ml passierte Tomaten
Rosmarin, Salz
1 Scheibe Feta

KARTOFFEL-ZUCCHINI-PUFFER

1 Die Kartoffeln schälen und fein reiben. Die Zucchini nach Bedarf schälen und ebenfalls fein reiben. Den Käse grob raspeln. Die Zwiebel klein schneiden.

2 Alles zusammen mit dem Mehl und den Eiern vermengen (geht am besten mit den Händen).

3 Danach diese flüssige Masse gut mit Salz und Pfeffer würzen, evtl. mit den Kräutern verfeinern.

4 Das Öl in der Pfanne erhitzen. Je nach gewünschter Puffergröße etwas von der Masse in die Pfanne geben, von beiden Seiten goldbraun braten.

Ein Rezept von Familie Lindner aus Drebach.
Ihr Tipp: „Damit die geriebenen Kartoffeln gar werden, die Puffer bei mittlerer Hitze braten."

ZUTATEN
500 g Kartoffeln
500 g Zucchini
1 Tasse Käse
1 Tasse Mehl
1 Zwiebel
3 Eier
Salz, Pfeffer, Kräuter
etwas Öl für die Pfanne

ZUCCHINIPUFFER MIT PAPRIKASAHNE

1 Parmesan reiben, Weizen fein mahlen, Petersilie klein hacken. Mit Ei, Eigelb, Sahne und Wein/Wasser zu einem dickflüssigen Teig verrühren. Mit Delikata und Kräutersalz kräftig abschmecken, zugedeckt ca. 1 Stunde quellen lassen.

2 Zucchini waschen, Stiel und Blütenansatz entfernen und grob raspeln. Knoblauch schälen, zu den Zucchiniraspeln pressen und die Mischung unter den Teig rühren. Wie Kartoffelpuffer in Öl braten.

3 Für die Paprikasahne Paprikaschote und Tomaten in kleine Würfel schneiden. Schnittlauch und Dill fein schneiden. Alles mit saurer Sahne verrühren, mit Kräutersalz und Cayennepfeffer abschmecken. Evtl. mit etwas Dill garnieren und zu den Puffern servieren.

Ein Rezept von Familie Stöhr aus Ettlingen:
„Unsere Tochter ist, was Gemüse angeht, sehr wählerisch, aber dieses Rezept schmeckt ihr."

ZUTATEN
1 Ei
1 Eigelb
3 EL Sahne
4 EL trockener Weißwein,
ersatzweiße Wasser
30 g Parmesan
110 g Weizen,
1 EL Petersilie
3/4 TL Delikata
(Gewürzmischung für Gemüse)
Kräutersalz
250 g Zucchini
1 große Knoblauchzehe
Öl
1 mittelgroße hellgrüne
Paprikaschote
2 kleine, reife Tomaten
1 Bund Schnittlauch
1 Sträußchen Dill
200 g saure Sahne
Kräutersalz, Cayennepfeffer

ZUTATEN

2 Zucchini (ca. 600 g)
2 Möhren
4 große Kartoffeln
1 Zwiebel
1 Knoblauchzehe
3 Eier
4 EL Mehl
Kräutersalz, Pfeffer
Olivenöl
Sonnenblumenkerne
Feta

GEMÜSEPUFFER

1 Die Zucchini fein raspeln, etwas salzen und stehen lassen. Möhren und Kartoffeln schälen und fein raspeln. Zwiebel und Knoblauch fein hacken.

2 Die Zucchiniraspeln ausdrücken und alles in eine Schüssel geben. Eier und Mehl unterrühren und mit Kräutersalz und Pfeffer abschmecken.

3 Olivenöl in einer beschichteten Pfanne erhitzen und darin kleine Puffer ausbacken. Je Seite etwa 3 Minuten.

4 Vor dem Wenden kann man noch Sonnenblumenkerne oder Feta-Krümel in den Teig drücken. Mit einer Scheibe Brot und frischem Salat genießen.

Ein Rezept von Familie Fischer aus Hanau.
Ihr Tipp: „Mit einem Brötchen, Salatblättern, Majo, Ketchup und Co. werden Gemüseburger daraus."

ZUTATEN

300 g kernige Haferflocken
300 ml Gemüsebrühe
3 Eier
ca. 3 kleine geraspelte Möhren
Gewürze nach Belieben, z.B. Schabzigerklee, Minze und Knoblauch
Butterschmalz oder Öl zum Braten

HAFERFLOCKENBRATLINGE

1 Alle Zutaten verrühren und ca. 15 Min. quellen lassen.
Am besten in heißem Butterschmalz (oder Öl) goldbraun braten.
Es reicht aus, die ziemlich weiche Masse mit dem Löffel ins Fett zu
tun und dann wie kleine Puffer plattzudrücken.

Ein Rezept von Familie Richter aus Hannover.
Ihr Tipp: „Statt Möhren kann man auch Zucchini oder Mais verwenden"

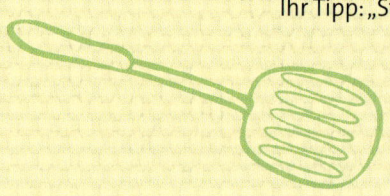

HIRSEBRATLINGE (VEGAN)

ZUTATEN

250 g Hirse
1 Möhre
1 kleine Zwiebel
2 EL Sojamehl
1 EL Weizenmehl
etwas Tomatenmark
Salz, Pfeffer
1 TL Currypulver
1 TL Paprikapulver
Öl zum Braten

1 Hirse in der 2-3-fachen Menge Wasser aufkochen und 20-25 Min.
auf kleiner Stufe garen. Auskühlen lassen.

2 Möhre raspeln. Zwiebel klein hacken. Beides mit der Hirse vermengen.
2 EL Sojamehl mit 4 EL Wasser verrühren und mit Weizenmehl und Tomatenmark untermischen. Gewürze hinzugeben und alles gut vermengen.

3 Mit den Händen Bratlinge formen. Im Öl von beiden Seiten knusprig
anbraten.

Ein Rezept von Familie Odrich aus Schöffengrund.
Ihr Tipp: „Statt Möhren und Zwiebeln lassen sich z.B. auch Paprika und
Lauch verwenden. Lecker zu frischem Salat oder einer Gemüsepfanne."

DINKELBRATLINGE

1 Den Dinkel in der Brühe aufkochen. Auf der ausgeschalteten Herdplatte 20 Min. quellen lassen.

2 Zwiebel und Knoblauchzehe klein würfeln, mit Eiern, Quark und Semmelbröseln unter den Dinkel rühren. Mit Salz, Pfeffer und Petersilie würzen.

3 Öl in einer Pfanne erhitzen. Aus der Dinkelmasse Kugeln formen, diese vorsichtig flach drücken und in der Pfanne von beiden Seiten braten.

Ein Rezept von Familie Schulze aus Recklinghausen:

„Dazu schmeckt Tomatensoße oder Kräuterquark."

KARTOFFELTALER MIT SESAMKRUSTE

Idee zur Resteverwertung von Kartoffelpüree.

1 Gemüse klein hacken oder raspeln. Kartoffelpüree mit Ei, Gemüse und Gewürzen vermengen. Aus der Masse mit den Händen Taler formen.

2 Sesam auf einem großen, tiefen Teller verteilen. Die Taler darin wenden.

3 Öl in einer großen Pfanne erhitzen und die Taler darin von beiden Seiten goldbraun ausbacken.

Ein Rezept von Familie Odrich aus Schöffengrund.
Ihr Tipp: „Wer es vegan möchte, kann das Ei durch Sojamehl ersetzen. Hierfür pro Ei einen Esslöffel Sojamehl mit zwei Esslöffeln Wasser verrühren und in die Kartoffelmasse geben."

ZUTATEN

Kartoffelpüree vom Vortag,
oder frisch gemacht und abgekühlt
Ei – die Menge richtet sich nach der Menge des Kartoffelpürees, aber in der Regel reicht eins
Gemüse für die Füllung –
z.B. Lauch, Möhren oder Paprika
Salz, Pfeffer, Paprika
Gartenkräuter
1 kl. Tasse Sesam
Öl zum Braten

ROTE BURGER MIT WEIßER SOßE

ZUTATEN

2 Zwiebeln
2 Rote Beten
3 Eier
5 EL Mehl
Öl
30 g Butter
ca. 600 ml Milch
Salz, Paprikagewürz,
Knoblauch, Muskatnuss
Gemüsebrühe
1 kg Kartoffeln

1 Kartoffeln schälen, klein schneiden und in Salzwasser kochen.

2 Zwiebeln hacken, Rote Bete fein reiben. Mit Eiern und 3 EL Mehl in eine Schüssel geben und mischen. Mit Salz, Knoblauch und Paprika würzen. Aus der zähflüssigen Masse kinderhandgroße Fladen in einer Pfanne mit Öl von beiden Seiten braten.

3 Für die weiße Soße Butter schmelzen, 2 EL Mehl dazugeben und verrühren. Mit Milch ablöschen, mit einem Schneebesen gut verrühren und aufkochen lassen. Mit Salz, geriebener Muskatnuss und Gemüsebrühe würzen und zu den Kartoffeln und den roten Burgern servieren.

Ein Rezept von Familie Rudolph aus Sohland am Rotstein.

ZUTATEN

Strudelteig:
4 Eier
125 ml Wasser
4 EL Öl
2 Prisen Salz
500 g Mehl

Füllung:
ca. 800 g Gemüse nach Geschmack und
Jahreszeit: Lauch, Möhren, Kohlrabi, Kohl ...
2 EL Öl
250 g Kräuterfrischkäse
Salz, Pfeffer
1 Eigelb

GEMÜSESTRUDEL

1 Eier, Wasser, Öl und Salz miteinander verquirlen, das Mehl zufügen
und zu einem Teig verkneten. Den Teig in einer warmen Schüssel zugedeckt
stehen lassen.

2 Das Gemüse in feine Streifen schneiden und in einer Pfanne mit dem
Öl leicht andünsten. Den Kräuterfrischkäse unterrühren, mit Salz und Pfeffer
abschmecken.

3 Nun den Strudelteig ausrollen. Man kann aus dem Teig einen großen
oder zwei kleine Strudel machen. Die Gemüsemasse aufstreichen, dabei
rechts und links einen Rand lassen. Den Teig zum Strudel aufrollen, das Ende
fest zusammendrücken und den Strudel mit Eigelb bestreichen.

4 Den Strudel bei 200 Grad (Ober-Unter-Hitze) ca. 30 Min. backen.

Ein Rezept von Familie Witzel aus Filderstadt:
„Anstelle des selbstgemachten Strudelteigs kann man auch fertigen Strudelteig
aus dem Kühlregal nehmen. Der Strudel kann warm und kalt gegessen werden."

Gemüse-Hirse-Gratin

1 Die Hirse abspülen, in der Gemüsebrühe 5 Min. kochen, 15 Min. quellen lassen.

2 Das Gemüse klein schneiden und mit dem Öl andünsten. Mit Salz und Pfeffer würzen und mit der Hirse mischen.

3 Eine Auflaufform einfetten, die Hälfte der Gemüse-Hirse-Masse einfüllen und mit Feta-Scheiben belegen. Dann den Rest der Gemüse-Hirse-Masse darüber geben.

4 Die saure Sahne mit dem Ei verrühren und mit Salz und Pfeffer würzen. Auf dem Auflauf verteilen. Tomaten in Scheiben schneiden und auf den Auflauf legen, Gouda reiben und darüber streuen.

5 Bei 200 Grad ca. 30 Min. backen.

Ein Rezept von Familie Samol aus Freudenberg:
„Bunt und lecker, können auch die Kleinen gut löffeln, kleckert dann aber ganz schön durch die Hirsekörnchen."

Zutaten
250 g mittelalter Gouda
200 g Crème fraîche
Fett für die Form
300 g gehobelte Haselnüsse
600 g Tiefkühl-Rosenkohl
Salz

Rosenkohlauflauf

1 Den Rosenkohl unaufgetaut in kochendes Salzwasser geben. 7 Min. köcheln lassen.

2 Den Käse grob raspeln und mit Crème fraîche verrühren.

3 Den abgetropften Rosenkohl in der eingefetteten Form verteilen. Die Käse-Crème fraîche- Mischung darüber geben und mit Nüssen bestreuen.

4 Bei 250 Grad 20 Min. überbacken (keine Umluft).

Ein Rezept von Familie Spohn aus Engstingen:
„Ein sehr leckeres und schnell zubereitetes Gericht."

Zutaten
160 g Hirse
ca. 300 ml Gemüsebrühe
250 g Zucchini oder Lauch
1 gelbe Paprika
Öl
Salz, Pfeffer
200 g Feta
200 g saure Sahne
1 Ei
200 g Tomaten
100 g Gouda

SAUERKRAUTAUFLAUF MIT NUDELN

1 Zunächst die Nudeln in Salzwasser kochen.

2 Parallel das Sauerkraut bei Bedarf mit Wasser durchspülen und die Soße erstellen: Schmand, Naturjoghurt, Sahne und Milch vermischen, die Gewürze dazugeben. (Die Menge der Soße richtet sich danach, wie trocken oder feucht man den Auflauf gern hätte.)

3 Eine Auflaufform oder ein Blech mit Rand zunächst mit den Nudeln füllen, darauf das Sauerkraut geben, die Soße darüber gießen. Darauf die Sonnenblumen-kerne streuen und zum Schluss den Käse darübergeben.

4 Bei 200 Grad ca. 25 Min. backen.

Ein Rezept von Familie Wendel aus Wetter/Ruhr.
Ihr Tipp: „Der Auflauf lässt sich statt mit Sauerkraut auch mit Mais machen."

ZUTATEN

1/2 kg Kartoffeln
ca. 6 Tomaten
3–4 Zwiebeln
2 EL Butter oder Öl
ca. 800 g frisches Sauerkraut
Kräutersalz, Pfeffer
Vollkornsemmelbrösel
Butter für Butterflöckchen

SAUERKRAUTAUFLAUF MIT KARTOFFELN

1 Kartoffeln mit Schale kochen, pellen und in Scheiben schneiden. Tomaten in Scheiben schneiden. Zwiebeln fein würfeln und in Butter oder Öl leicht bräunen.

2 Die Zutaten in folgender Reihenfolge in eine gefettete Auflaufform schichten: Sauerkraut, Zwiebeln, Tomaten, Kartoffeln (mit Kräutersalz und Pfeffer salzen).

3 Schichten wiederholen, auf die letzte Kartoffelschicht Vollkornsemmelbrösel streuen, Butterflöckchen darauf geben.

4 Bei 180–200 Grad ca. 30 Min. backen.

Ein Rezept von Familie Hesse aus Lampertheim.
Ihr Tipp: „Als Vorspeise passt dazu ein Salat aus Feldsalat, Eichblatt oder Radicchio."

ZUTATEN

400 g Nudeln (je zur Hälfte Vollkornnudeln und helle Nudeln)
500 g Sauerkraut
1 Becher Schmand
ca. 300 g Naturjoghurt
100 g süße Sahne
5 EL Milch
Salz, Pfeffer, Fondor, gekörnte Brühe, Muskatnuss, Petersilie
Sonnenblumenkerne
Käse zum Überbacken

GEBACKENE PASTINAKEN UND MÖHREN

1 Pastinaken und Möhren mit einem Sparschäler schälen. Je nach Dicke halbieren oder vierteln. Dünne Möhren kann man auch ganz lassen.

2 Thymianblättchen mit Öl, Honig, Salz und Pfeffer verrühren. Über das Gemüse geben und gut mischen.

3 Gemüse auf ein Backblech oder in eine große Auflaufform geben. Bei 200 Grad ca. 25 Min. backen, nach 15 Minuten wenden.

Ein Rezept von Familie Wendland aus Bochum.
Ihr Tipp: „Dazu schmecken Bratlinge oder frisches Baguette."

ZUTATEN

500 g Pastinaken
500 g Möhren
Thymian (frisch oder getrocknet)
4 EL Olivenöl
2 EL flüssiger Honig
Salz, Pfeffer

GEFÜLLTE PAPRIKA

1 Den Reis mit der Gemüsebrühe aufkochen und – je nach Packungs-anweisung – für etwa 35-45 Min. bei niedriger Hitze köcheln lassen.

2 Paprikaschoten waschen. Vorsichtig die Deckel abschneiden und beiseite legen. Die Paprikaschoten vom Kerngehäuse befreien.

3 Kichererbsen aus dem Glas in ein Sieb schütten und gut abtropfen lassen. Möhren schälen, waschen und mittelgrob raspeln. Zwiebel schälen und klein hacken. Knoblauch schälen und durch eine Knoblauchpresse drücken.

4 Den gekochten Reis mit Kichererbsen, Möhren, Zwiebel und Knoblauch gleichmäßig mischen. Tomatenmark unterrühren. Die Gewürze untermengen.

5 Die Paprikaschoten außen und innen mit Öl einpinseln. Die Reis-Kichererbsen-Mischung in die Paprikaschoten füllen. Den Käse auf die Mischung geben und die Deckel auf die Paprikaschoten setzen.

6 Paprikaschoten in eine hohe Auflaufform stellen, in den vorgeheizten Ofen schieben und bei 200 Grad für etwa 20 Min. backen.

Ein Rezept von Familie Odrich aus Schöffengrund.

ZUTATEN

125 g Naturreis
300 ml Gemüsebrühe
4 Paprikaschoten (à ca. 200 g)
1 Glas Kichererbsen (350 g)
70 g Möhren
50 g Zwiebel
2 Knoblauchzehen
3 EL Tomatenmark
2 TL Senf
2 TL Paprikapulver
1 TL Pfeffer
1 TL Kurkuma, gemahlen
1 TL Kreuzkümmel, gemahlen
1 TL Koriander, gemahlen
1 TL geschnittener Oregano
1 TL geschnittenes Basilikum
50 g geriebener Gouda
Öl zum Einpinseln

GEFÜLLTE ZUCCHINI

1 Zucchini waschen. Die Enden abschneiden und jede Zucchini längs halbieren. Das Fruchtfleisch mit einem Löffel auskratzen und beiseite legen.

2 Quinoa heiß abwaschen. Mit 200 ml Gemüsebrühe aufkochen lassen und bei niedriger Temperatur für 15 Min. garen.

3 Die Zwiebel schälen und klein hacken. 1 EL Öl in einem Topf erhitzen. Die Zwiebel darin glasig dünsten. Linsen hinzugeben und kurz mitrösten. Mit den restlichen 200 ml Gemüsebrühe ablöschen und bei niedriger Temperatur 8–10 Min. garen.

4 Das Fruchtfleisch der Zucchini klein schneiden. Mit Quinoa und Linsen vermengen.

5 Tomatenmark gut untermischen. Mit allen Gewürzen außer Pfeffer würzen. Die Mischung in die Zucchini füllen.

6 Käse zerkrümeln und gleichmäßig über den gefüllten Zucchini verteilen. Mit getrockneten Tomaten garnieren und zum Schluss den Pfeffer darübermahlen.

7 Die Zucchini mit den restlichen 2 EL Öl einpinseln und 25–30 Min. bei 180 Grad backen.

Ein Rezept von Familie Odrich aus Schöffengrund.

ZUTATEN

2 große oder 4 kleine Zucchini
100 g Quinoa
100 g rote Linsen
1 Zwiebel
3 EL Öl
400 ml Gemüsebrühe
2 EL Tomatenmark
1 EL getrockneter Oregano
1 EL getrockneter Thymian
2 TL Paprikapulver
1 TL getrockneter Rosmarin
1 TL Kreuzkümmel, gemahlen
100 g Feta oder Hirtenkäse
2 EL getrocknete Tomaten
frisch gemahlener, grober Pfeffer

ZUTATEN

Nudeln oder Reis für vier Personen
6 Paprikaschoten
250 g Naturjoghurt
1 Becher Schmand
Kräutersalz, Paprika, Pfeffer
Kräuter nach Geschmack, z.B. Basilikum, Oregano, Majoran, Petersilie
Käse nach Wahl, z.B. Gouda, Feta

ÜBERBACKENE PAPRIKA

1 Die Paprikaschoten waschen, halbieren und säubern. Anschließend in kochendem Wasser ca. 3–5 Min. blanchieren.

2 Parallel die Soße erstellen: Joghurt und Schmand mit Gewürzen mischen. Die blanchierten Paprikaschoten abtropfen lassen, mit der Öffnung nach oben in eine gefettete, flache Form oder auf ein Backblech legen. In die geöffnete Paprika ca. 2 EL Soße geben, mit Käse bestreuen. Die gefüllten Paprikaschoten ca. 20 Min. bei 200 Grad im Ofen backen.

3 Mit Reis oder Nudeln servieren.

Ein Rezept von Familie Wendel aus Wetter/Ruhr.
Ihr Tipp: „Die Füllung kann man mit Mais, Zwiebeln oder Kapern erweitern."

BROTAUFLAUF IDEAL FÜR GÄSTE

ZUTATEN

4 (alte) Brötchen oder entsprechend
Weißbrot, Baguette etc.
5 EL Kräuterbutter
3 EL gemischte Kräuter
250 g Champignons
2 rote Paprikaschoten
1 Zwiebel
3 Eier
250g Kräuter- oder Zaziki-Quark
Käse zum Gratinieren
Öl zum Braten

1 Brötchen würfeln, in der Kräuterbutter kross anbraten.
Mit den fein gehackten Kräutern mischen, ebenfalls mitbraten.

2 Separat die geschnittenen Champignons in heißem Öl
anbraten, gewürfelte Paprika und Zwiebel zugeben.
Die Kräuterbutter-Brötchen mit dem Pfanneninhalt mischen.

3 Eier mit dem Kräuterquark mischen und über die Brot-
mischung geben. Darüber geriebenen Käse streuen und im
vorgeheizten Ofen bei 200 Grad 30 Min. backen.

Ein Rezept von Familie Sinn aus Wetter/Ruhr.

BÉCHAMEL-EIER IM SPINATBETT

1 Schalotten abziehen, fein würfeln. 40 g Butter erhitzen, Schalotten darin glasig
dünsten. Den Spinat hinzufügen und dünsten, Flüssigkeit einkochen lassen.
Mit Salz, Pfeffer und Muskatnuss würzen.

2 Für die Béchamelsoße 25 g Butter zerlassen. Mehl hinzufügen und dünsten,
bis es hellgelb ist. Milch und Brühe dazugeben, mit Schneebesen durchschlagen.
5 Min. kochen lassen, mit Salz und Pfeffer abschmecken.

3 Den Spinat mit der Soße und der Hälfte des Käses
vermischen, in einer gefetteten Gratinform verteilen.
Vier Mulden in den Spinat drücken und je ein Ei hineingleiten
lassen. Mit dem restlichen Käse bestreuen und die restliche
Butter in Flöckchen darauf setzen. Bei ca. 160 Grad (Umluft)
etwa 15 Min. überbacken.

Ein Rezept von Familie Baumann aus Marienberg.

ZUTATEN

2 Schalotten
80 g Butter
600 g TK-Spinat (aufgetaut)
Salz, Pfeffer, Muskatnuss
20 g Weizenmehl
250 ml Milch
125 ml Gemüsebrühe
100 g geriebener Emmentaler
4 Eier

OFENGEMÜSE

1 Gemüse waschen, putzen und klein schneiden. In eine Schlüssel geben und mit Zitronensaft und -schale, Kräutern und Gewürzen mischen, mit Öl beträufeln und gut vermengen.

2 Gemüse auf ein Backblech oder in eine Auflaufform geben und bei 190 Grad 30 Min. garen. Vor dem Servieren mit Balsamico verfeinern.

Ein Rezept von Familie Mezler aus Bruchsal.

ZUTATEN

100 g Grünkernschrot

200 ml Gemüsebrühe

1 große Zwiebel

1 Zucchino

1 Möhre

1/2 Paprika

1 EL Tomatenmark

1 großes Glas (700 ml) passierte Tomaten

Salz, Pfeffer, Curry, Paprika

1 TL gehacktes Basilikum

1 TL gehackter Oregano

Öl zum Braten

250 ml Milch

etwas Mehl

1 TL gekörnte Brühe

Muskat

Butter od. Margarine

1 Packung Lasagneplatten

2 Päckchen Mozzarella

100 g geriebener Gouda

LASAGNE MIT GRÜNKERNBOLOGNESE

1 Grünkernschrot in einem Topf ohne Fett kurz anrösten. Mit Gemüsebrühe ablöschen und etwa 20 Min. bei niedriger Hitze köcheln lassen.

2 Öl in einer großen Pfanne erhitzen. Kleingehackte Zwiebel darin glasig dünsten. Grünkernschrot zugeben und kurz anbraten.

3 Möhre schälen und waschen. Zucchini und Paprika waschen. Alles in kleine Würfel schneiden. Zum Grünkernschrot geben und kurz braten, dabei umrühren.

4 Tomatenmark und passierte Tomaten dazugeben. Bei mittlerer Hitze 10 Min. köcheln lassen. Mit den Gewürzen abschmecken. Bei niedriger Hitze 20 Min. köcheln lassen. Zum Schluss die Kräuter unterrühren und die Herdplatte ausstellen.

5 Für die Béchamelsoße etwas Butter od. Margarine in einem Topf schmelzen. Mit Mehl andicken und die Milch dazugießen. Aufkochen lassen. Die Temperatur auf niedrigste Stufe stellen. Mit Brühe, Salz, Pfeffer und Muskat abschmecken. Vom Herd nehmen.

6 Eine rechteckige Auflaufform einfetten. Eine großzügige Kelle Béchamelsoße auf dem Boden verteilen. Gleichmäßig mit Lasagneplatten auslegen. Bolognese darauf verteilen. Mit Lasagneplatten abdecken und erneut Bolognese darauf verteilen. So immer im Wechsel weitermachen, bis die Bolognese aufgebraucht ist. Dann noch einmal eine Schicht Lasagneplatten darauf legen und die restliche Béchamel-Soße darauf verteilen.

7 Mozzarella abtropfen lassen und in Scheiben schneiden. Auf die Lasagne legen. Geriebenen Gouda darüberstreuen. Für 25 Min. bei 180 Grad im Ofen backen, bis der Käse zerlaufen ist.

Ein Rezept von Familie Odrich aus Schöffengrund.

Zucchini-Lasagne

1 Zucchini raspeln. Kräuter, Frischkäse, Sahne und Milch in einen Topf geben, salzen und bei schwacher Hitze zu einer cremigen Soße einkochen. Zucchiniraspel dazugeben.

2 Eine Auflaufform einfetten und mit Lasagneplatten auslegen. Abwechselnd Zucchini-Soße und Lasagneplatten einschichten. Als letzte Schicht Soße einfüllen und mit dem geriebenen Käse bestreuen. Bei 200 Grad ca. 35 Min. backen.

Ein Rezept von Familie Lindenau aus Hamburg.

Zutaten

600 g Zucchini
2 EL gehackte Kräuter
120–200 g Kräuter-Frischkäse
100–200 g Sahne
200–300 ml Milch
100 g Emmentaler
Salz
Öl zum Einfetten
ca. 150 g Lasagneplatten

Möhrenlasagne mit Pesto

1 Butter in einem Topf erhitzen, Mehl zufügen und bei schwacher Hitze rühren, bis die Mischung goldgelb ist und Blasen wirft.

2 Saure Sahne, Milch und Pfeffer verrühren und nach und nach dazugießen. 5 Min. unter ständigem Rühren erhitzen, bis die Soße kocht und eindickt. Anschließend noch 1 Min. kochen lassen.

3 Käse reiben. 100 g davon in die Soße rühren, etwas abkühlen lassen. Eier verquirlen und nach und nach unter ständigem Rühren zufügen.

4 Ein Drittel der Soße in eine Schüssel gießen und beiseite stellen. Möhren schälen und raspeln und mit dem Pesto zu der restlichen Soße geben.

5 Auflaufform einfetten, ein Drittel der Möhrenmischung in die Form geben und mit Lasagneplatten bedecken. Fortfahren, bis die Mischung aufgebraucht ist, mit Lasagneplatten abschließen.

6 Die beiseite gestellte Soße darüber gießen und mit dem restlichen Käse bestreuen. Vor dem Backen 15 Min. ruhen lassen, damit die Nudelplatten weich werden. Anschließend im vorgeheizten Backofen bei 150 Grad (Umluft) ca. 40 Min. backen.

Ein Rezept von Familie Kuhn aus Kohlberg.

Zutaten

50 g Butter
60 g Mehl
160 g saure Sahne
750 ml Milch
1 TL Pfeffer
150 g Gouda
4 Eier
2 EL Pesto
750 g Möhren
250 g Lasagneplatten

ZUTATEN

1,2 kg festkochende Kartoffeln
500 g Mangold
1 Zwiebel
Öl zum Braten
Salz, Pfeffer
2 EL Butter
2 EL Mehl
200 ml Gemüsebrühe
Muskat
150 g Emmentaler
150 g Champignons
50 g Sonnenblumenkerne

MANGOLD-
KARTOFFEL-LASAGNE

1 Die Kartoffeln waschen und als Pellkartoffeln kochen, pellen und etwas auskühlen lassen.

2 Den Mangold waschen. Die Blattrippen ausschneiden und in feine Streifen schneiden. Das Grün separat in Streifen schneiden.

3 In einem großen flachen Topf die gewürfelte Zwiebel in etwas Öl anschwitzen und die geschnittenen Blattrippen darin weich dünsten. Das Mangoldgrün dazugeben und zusammenfallen lassen. Mit etwas Salz und Pfeffer würzen.

4 In einem kleinen Topf die Butter schmelzen. Das Mehl dazugeben und mit der Gemüsebrühe zu einer hellen Béchamelsoße verrühren. Diese mit Salz, Pfeffer und etwas Muskat abschmecken, vom Herd nehmen und den geriebenen Emmentaler einrühren.

5 Eine flache Auflaufform fetten. Die Kartoffeln in dünne Scheiben schneiden und die Hälfte davon in die Form legen. Den Mangold darauf verstreichen. Die Champignons putzen, in feine Scheiben schneiden und auf dem Mangold verteilen. Die restlichen Kartoffeln ebenfalls einschichten. Die Käsesoße darüber gießen und mit den Sonnenblumenkernen bestreuen.

6 Bei 180 Grad (Umluft) ca. 20 Min. im Backofen überbacken.

Ein Rezept von Familie Fischer aus Hanau.

KARTOFFEL-FRITTATA
VOM BLECH

1 Backofen auf 200 Grad vorheizen. Backblech gut einfetten.

2 Eier mit Milch und Gewürzen verquirlen. Nach Wunsch gepressten Knoblauch untermischen.

3 Kartoffeln waschen und fein hobeln (wer will, kann sie vorher schälen) und gleichmäßig auf dem Backblech verteilen. Frühlingszwiebeln fein hacken und auf den Kartoffeln verteilen. Eiermilch über die Kartoffeln gießen. Käse auflegen.

4 Frittata bei 180 Grad ca. 30 Min. backen. Bei Tisch mit Paprika würzen.

Ein Rezept von Familie Piehler aus Ulm.
Ihr Tipp: „Die Blitzvariante wird mit Pellkartoffeln gemacht. Die Backzeit verringert sich und die Kartoffeln müssen nicht so fein gehobelt werden."

ZUTATEN

für ein Blech:
8 Eier
5 EL Milch
1 TL Brühepulver o. Salz
Pfeffer, Muskat
frisch gehackte Kräuter nach Geschmack:
Petersilie, Schnittlauch, Rosmarin, Oregano
1 Knoblauchzehe, gepresst
1 kg Kartoffeln
5 Stangen Frühlingszwiebel oder
2 Zwiebeln und etwas Schnittlauch
300 g Raclettekäse oder anderer würziger Käse
Paprikapulver

WESTERNKARTOFFELN MIT BUNTEM TELLER

1 Die Kartoffeln in Scheiben oder dünne Spalten schneiden und in eine große Schüssel geben. Wer mag, kann die Schale dran lassen. Die Kartoffeln mit dem Olivenöl übergießen und kräftig würzen. Gut umrühren.

2 Die Kartoffelstücke auf einem mit Backpapier belegtem Blech im vorgeheizten Backofen auf mittlerer Schiene bei 180 Grad ca. 35 Min. braten lassen. Die Backzeit variiert je nach Dicke der Kartoffelstücke. Zwischendurch mit dem Messer testen: Wenn die Kartoffeln weich sind, herausnehmen. Falls sie zu dunkel werden, mit Alufolie abdecken.

3 Auf einem großen Teller das Gemüse anrichten: Paprika in Streifen, Gurke in Scheiben, Tomaten in Spalten, Möhren in Streifen und den Mozzarella in kleinen Stücken. Der Teller kommt in die Mitte des Tisches, dann können alle Cowboys zugreifen.

Ein Rezept von Familie Schmidt aus Nidda.
Ihr Tipp: „Dazu passt Kräuterquark als Dip und natürlich Ketchup!"

ZUTATEN

- 1,5 kg Kartoffeln
- 3 EL Olivenöl
- Salz, Pfeffer, Paprika, Oregano
- 400 g Kräuterquark
- 1 rote Paprika
- 1/2 Salatgurke
- 2 Tomaten
- 2 Möhren
- 1 Mozzarella

QUINOA-ERBSEN-AUFLAUF

1 Zwiebel fein schneiden und in Fett je nach Geschmack glasig werden lassen oder leicht bräunen. Knoblauch pressen oder fein hacken, Chili fein schneiden. Knoblauch und Chili zugeben, kurz mitbraten.

2 Quinoa zugeben, unter Rühren erhitzen, bis es duftet. Mit Gemüsebrühe ablöschen, Lorbeerblatt zugeben, 15 Min. bei niedriger Hitze köcheln lassen, anschließend 5 Min. auf ausgeschalteter Platte quellen lassen.

3 Lorbeerblatt entfernen, Erbsen und die Hälfte des Schafkäses untermischen. Mischung in eine gefettete Auflaufform geben.

4 Eier mit Sahne, Brühepulver, Pfeffer und Gewürzen verquirlen und über den Auflauf gießen; evtl. mit einer Gabel etwas auflockern, damit sich die Eiersahne gut verteilt.

5 Restlichen Schafskäse auf dem Auflauf verteilen. Im vorgeheizten Backofen bei 200 Grad 20 Min. backen.

6 Frisch gehacktes Basilikum über den fertigen Auflauf geben.

Ein Rezept von Familie Piehler aus Ulm.
Ihr Tipp: „Der Auflauf ist auch sehr lecker mit einer halbe-halbe Mischung aus Quinoa und Amaranth."

ZUTATEN

1 (rote) Zwiebel
60 g Butter, Margarine od. Öl
2 Knoblauchzehen
1 Chilischote
300 g Quinoa
750 ml Brühe
1 Lorbeerblatt
250 g TK-Erbsen
4 Eier
50 ml Sahne
Pfeffer, Brühepulver, Gewürze/
Kräuter nach Geschmack,
z.B. Rosmarin, Oregano ...
100–200 g Schafskäse, gewürfelt
frisches Basilikum

WIRSING-LINSEN-AUFLAUF

ZUTATEN

200 g rote Linsen
1 Zwiebel
Öl
300 g Wirsing
400 g Nudeln
200 ml Milch
200 g Frischkäse
Muskat, Pfeffer, Salz
100 g Parmesan

1 Die Linsen in reichlich Wasser 5 Min. sprudelnd kochen und dann das Wasser abgießen.

2 Gewürfelte Zwiebel in einer großen Pfanne in Öl andünsten. Den in Streifen geschnittenen Wirsing dazugeben und ca. 5 Min. anbraten.

3 Die Nudeln bissfest kochen und alle gekochten Zutaten in eine Auflaufform geben.

4 Milch mit Frischkäse mischen und mit reichlich Muskat, Pfeffer und Salz würzen. In die Auflaufform gießen und mit dem geriebenen Parmesan bestreuen.

5 Im Backofen bei 200 Grad 10 Min. goldbraun überbacken.

Ein Rezept von Familie Fischer aus Hanau.

QUICHE,
PIZZA
UND CO.

ZUTATEN

200 g Mehl

100 g Butter

1/2 TL Salz

5 EL Wasser

6–8 dünne Scheiben Weißbrot ohne Rinde

500 g Tomaten

1 Zwiebel

1 Bund Schnittlauch

200 g Emmentaler

3 Eier

250 g Schlagsahne

schwarzer Pfeffer

20 g Sesam, geschält

SCHWEIZER KÄSEWÄHE

1 Aus Mehl, Butter, Salz und Wasser einen Mürbteig kneten und kalt stellen. Eine Springform (26 cm) einfetten und mit Mehl bestäuben. Den Backofen auf 200 Grad vorheizen.

2 Den Teig 4 mm dick ausrollen, Rand und Boden der Springform mit Teig belegen. Den Teig mit einer Gabel mehrmals einstechen.

3 Tomaten in Scheiben, Zwiebeln und Schnittlauch in Ringe schneiden. Den Käse raspeln.

4 Brot, Tomaten, Zwiebeln, Schnittlauch und Käse in dieser Reihenfolge auf den Mürbteig in die Backform schichten.

5 Eier mit Sahne, Pfeffer und Sesam verquirlen und über die Käsewähe gießen. Bei 200 Grad 30–40 Minuten backen.

Ein Rezept von Familie Lindenau aus Hamburg.

ZUTATEN

Teig:
250 g Weizenmehl
20 g Frischhefe
1 TL Zucker
3 EL lauwarmes Wasser
Salz, Pfeffer
4 EL Speiseöl

Belag:
3 Eier
Salz, Pfeffer
100 g geriebener Emmentaler
150 g Crème fraîche
125 ml Sahne
2 EL Kräuter (gehackt)
150 g Lauch
200 g roter Paprika
1 Dose Mais (285 g)

ZUTATEN

Teig:
500 g Mehl
1/2 Würfel Hefe
300 ml Milch
1 TL Salz
100 g zerlassene Butter

Belag:
1 EL Öl
1 große Zwiebel
1 kg Zucchini
2 Becher Schmand
200 g Käse
1 Ei
Salz, Pfeffer, Petersilie

GEMÜSEKUCHEN MIT KÄSESOßE

1 Aus den Teigzutaten einen Hefeteig herstellen und an einem warmen Ort gehen lassen, bis er sich sichtbar vergrößert hat. Anschließend ausrollen und auf ein gefettetes Backblech legen.

2 Für den Belag Eier aufschlagen und mit Salz und Pfeffer verquirlen. Käse, Crème fraîche, Sahne und Kräuter hinzugeben und gut verrühren.

3 Lauch putzen, waschen und in Ringe schneiden, sowie den Paprika in Streifen. Mais abtropfen lassen. Lauch, Paprika und Mais mischen, auf dem Teig verteilen und die Käsesoße darüber geben.

4 Den Gemüsekuchen bei 180 Grad (Heißluft) 30 Min. backen.

5 Den Kuchen in Vierecke oder Dreiecke schneiden. Warm oder kalt servieren.

Ein Rezept von Familie Kuhn aus Kohlberg.

Ihr Tipp: „Je nach Geschmack und Jahreszeit können die Gemüseecken auch mit anderem Gemüse, z.B. Brokkoli, Zucchini, Champignons oder Cocktailtomaten belegt werden."

PIKANTER ZUCCHINI-KUCHEN

1 Aus den Teigzutaten einen Hefeteig herstellen, an einem warmen Ort gehen lassen und auf einem Blech ausrollen.

2 Zwiebel würfeln und in Öl andünsten. Zucchini raspeln, salzen, Wasser ziehen lassen, dann ausdrücken. Zu der Zwiebel geben und andünsten. In eine große Schüssel geben.

3 Schmand, geriebenen Käse und Ei in einer Schüssel mischen, mit Salz, Pfeffer und gehackter Petersilie würzen. Zu den Zucchini geben, alles gut miteinander vermischen und auf dem Hefeteig verteilen. Im vorgeheizten Backofen bei 200 Grad (Ober-/ Unterhitze) ca. 40 Min. backen.

Ein Rezept von Familie Spohn aus Engstingen.

Ihr Tipp: „Der Kuchen kann auch gut eingefroren werden."

ZUTATEN

1 Zwiebel
600 g Kartoffeln
400 g Hokkaido-Kürbis
200 g geriebener Käse
Olivenöl
Salz und Pfeffer
300 g Cherrytomaten
Rosmarin

KARTOFFELPIZZA

1 Die Kartoffeln in Scheiben schneiden, salzen und einige Minuten blanchieren, sodass sie nicht mehr so hart sind. In der Zwischenzeit die Tomaten in Scheiben schneiden.

2 Ein Blech mit Backpapier belegen, anschließend alle Scheiben und Stücke von Kartoffeln und Gemüse/Obst gemischt anordnen: 1 Scheibe Kartoffel, 1 Scheibe Tomate, einige Pilze etc. Mit Gewürzen und Kräutern gut würzen. Zum Schluss den geriebenen Käse darüberstreuen und alles ca. 20 Min. bei 200 Grad überbacken.

Ein Rezept von Familie Wendel aus Wetter/Ruhr.
Ihr Tipp: „Wer keinen Käse mag, kann Öl zum Überbacken nehmen."

KARTOFFEL-KÜRBIS-PIZZA

1 Zwiebel fein hacken, Kartoffeln schälen und raspeln. Kürbis waschen, entkernen und ungeschält raspeln. Gemüse miteinander vermischen, die Hälfte des Käses dazugeben, 4 EL Olivenöl unterrühren und mit Salz und Pfeffer kräftig würzen.

2 Die Gemüsemischung auf ein mit Backpapier belegtes Blech geben und bei 180 Grad ca. 30 Min. backen. Die in Scheiben geschnittenen Tomaten darauf verteilen, mit Rosmarin bestreuen, den restlichen Käse darüberkrümeln und weitere 10 Min. überbacken.

Ein Rezept von Familie Fischer aus Hanau.

ZUTATEN

ca. 1 kg Kartoffeln
4 Tomaten
1 Dose Mais
ca. 200 g Pilze
(frisch oder aus der Dose)
1 kl. Dose Ananas in Stücken
Kräutersalz, Pfeffer, Pizzagewürz
Kräuter, z.B. Oregano, Majoran,
Rosmarin, Basilikum, Petersilie
Käse zum Überbacken

KARTOFFEL-QUICHE

1 Mehl, Salz, Butter (in Flöckchen) und Wasser zu einem Mürbeteig verkneten. Eine Kugel formen und ca. 30 Min. kalt stellen.

2 In der Zwischenzeit die Kartoffeln schälen und in dünne Scheiben hobeln. Den Käse mit der Sahne und den Eiern verrühren und mit Salz, Pfeffer, Muskat und Kräutern würzen. Knoblauchzehe pressen und dazugeben.

3 Eine Springform oder Quiche-Form einfetten. Den Teig ausrollen und in die Form legen, Rand andrücken. Den Teig mit den Kartoffelscheiben belegen und mit der Sahne-Eier-Mischung übergießen.

4 Die Quiche bei 200 Grad ca. 50 Min. backen. Wenn sie zu dunkel wird, evtl. mit Alufolie abdecken.

Ein Rezept von Familie Schulze aus Recklinghausen.

ZUTATEN

200 g Mehl (zur Hälfte Vollkornmehl)
1 Prise Salz
100 g kalte Butter
80 ml Wasser
500 g Kartoffeln
150 g Käse, gerieben
200 ml Sahne
2 Eier
Salz, Pfeffer, Muskat
Kräuter wie Majoran, Rosmarin, Thymian ...
1 Knoblauchzehe

TEIGTASCHEN MIT BUCHWEIZEN-GEMÜSE-FÜLLUNG

1 Hefe zerkrümeln. Mit Wasser und Zucker in eine Schüssel geben und etwa 5 Min. stehen lassen, bis sich Bläschen bilden. Nach und nach Mehl, Joghurt, Ei, Öl und Salz zugeben und zu einem geschmeidigen Teig verkneten. Bei zu viel Flüssigkeit noch etwas Mehl zugeben. Der Teig sollte allerdings nicht zu fest werden, damit er sich gut verarbeiten lässt. Zu einem Klumpen formen und abgedeckt etwa 30 Min. gehen lassen.

2 Buchweizen in der doppelten Menge Salzwasser ca. 20 Min. kochen. In ein Sieb füllen und mit kaltem Wasser abspülen. Gut abtropfen lassen.

3 TK-Gemüse nach Anweisung kochen. Abgießen. Butter od. Margarine im Topf schmelzen, kleingehackte Zwiebel darin glasig dünsten. Brühe einrühren. Gemüse in den Topf geben, mit der Butter-Brühe-Mischung vermengen. Mit Pfeffer abschmecken. Gemüse mit Buchweizen vermischen.

4 Pro Teigtasche eine kleine Kugel Teig entnehmen und auf einer bemehlten Arbeitsfläche dünn ausrollen. Etwa 2 EL Buchweizen-Gemüse-Mischung in die Mitte geben und die Taschen schließen. Taschen umdrehen, mit Sesam und Schwarzkümmel garnieren und ca. 25 Min. bei 180 Grad im Ofen backen.

Ein Rezept von Familie Odrich aus Schöffengrund. Ihr Tipp: „Als Beilage eignet sich Gurkensalat."

ZUTATEN

50 ml lauwarmes Wasser
1 Würfel Hefe
eine Prise Zucker
500 g Dinkel-Vollkornmehl
250 g Joghurt
1 Ei
100 ml Öl
1 TL Salz
1 kleine Tasse Buchweizen
500 g TK-Gemüse-Mischung
(z.B. „Sommergemüse")
2 EL Butter od. Margarine
1 Zwiebel
2 TL gekörnte Brühe
grob gemahlener Pfeffer
Sesam und Schwarzkümmel
zum Garnieren

TEIGTASCHEN MIT RADIESCHENBLÄTTERFÜLLUNG

1 Die Radieschenblätter waschen und in einer Salatschleuder schleudern oder in einem Sieb gut abtropfen lassen.

2 Für den Teig Mehl mit Backpulver mischen. Quark, Öl, Milch, Brühepulver und Gewürze zugeben. Zu einem geschmeidigen Teig verkneten. Zugedeckt ruhen lassen.

3 Für die Füllung die Radieschenblätter fein hacken und mit Frischkäse, gepresstem oder fein gehacktem Knoblauch und geriebenem Käse gründlich vermischen. Mit Brühepulver/Salz, Pfeffer und Gewürzen abschmecken.

4 Backofen auf 200 Grad (Umluft 180 Grad) vorheizen.

5 Unterlage und Teig mit Mehl bestäuben. Teig zu einem Rechteck ausrollen, in 6 Rechtecke oder Quadrate schneiden. Einzelne Teigplatten nochmals nachrollen und je einen Löffel Füllung auf die untere Hälfte setzen. Obere Hälfte mit der Gabel mehrfach anpieksen. Teigplatte zusammenklappen und mit der Gabel zusammendrücken.

6 Teigtaschen auf ein geöltes Backblech oder ein Backblech mit Backpapier setzen und im vorgeheizten Ofen etwa 20 Min. backen.

Ein Rezept von Familie Piehler aus Ulm. Ihr Tipp: „Schmeckt auch mit Schafskäse statt Frischkäse."

ZUTATEN

für ca. 6 Stück:
Teig:
200 g Mehl
1/2 TL Backpulver
100 g Magerquark
4–5 EL Öl
4–5 EL Milch
1/4 TL Brühepulver od. Salz
Kräuter/Gewürze nach Geschmack

Füllung:
Blätter von einem Bund Radieschen
60 g Frischkäse
1 Knoblauchzehe
3 TL geriebener Käse
Brühepulver od. Salz, Pfeffer
50 g Mehl zum Verarbeiten

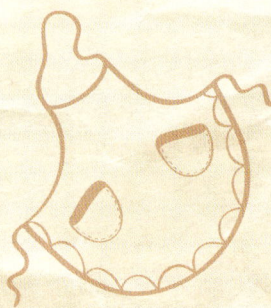

GEGRILLTE KARTOFFEL-SPIEẞE

ZUTATEN

12 Kartoffeln
Olivenöl
Salz, Pfeffer
1 Zweig frischer Rosmarin
2 Knoblauchzehen
grobes Salz

1 Die Kartoffeln waschen und nicht zu weich kochen. Abgießen und etwas abkühlen lassen.

2 Olivenöl mit klein gehackten Rosmarinnadeln, gepresstem Knoblauch, Salz und Pfeffer mischen. Kartoffeln halbieren, auf Spieße stecken, rundherum mit dem Öl bestreichen und grillen. Alternativ können die Kartoffel-Spieße auch im Backofen zubereitet werden.

Ein Rezept von Familie Schulze aus Recklinghausen.
Ihr Tipp: „Dazu passt ein Schmand-Dip."

GEFÜLLTE KARTOFFELN VOM GRILL

1 Die Kartoffeln mit Schale in Salzwasser gar kochen. Abkühlen lassen.

2 Hirtenkäse zerkrümeln. Kräuter klein hacken. Miteinander vermengen.

3 Von den Kartoffeln an der Längsseite einen kleinen Deckel abschneiden. Das Innere aushöhlen. Die Füllung in das Loch hineinfüllen. Den Deckel wieder aufsetzen.

4 Die Kartoffeln in Alufolie wickeln und etwa 15–20 Min. grillen, bis der Käse ein wenig zerläuft.

Ein Rezept von Familie Odrich aus Schöffengrund.
Ihr Tipp: „Das Innere der ausgehöhlten Kartoffeln lässt sich für das Kartoffelbaguette weiterverwenden."

ZUTATEN

6 große Kartoffeln
100 g Hirtenkäse o. Feta
eine Hand voll italienische Kräuter
(Petersilie, Rosmarin, Salbei)

ZUTATEN

das Innere von 6 gekochten Kartoffeln
(s. Rezept „Gefüllte Kartoffeln")
ein halber Würfel Hefe
125 ml lauwarmes Wasser
eine Prise Zucker
500 g Weizen- oder Dinkelmehl
etwas Salz
2 EL Öl

KARTOFFELBAGUETTE

1 Hefe zerkrümeln und mit Wasser und Zucker mischen. Etwa 5 Min. stehen lassen. Kartoffelmasse, Mehl, Salz und Öl zugeben und zu einem geschmeidigen Teig verkneten. 30 Min. gehen lassen.

2 Den Teig auf eine bemehlte Arbeitsfläche geben, mit den Händen nochmals kurz durchkneten und zu zwei bis drei etwa gleich großen Baguettes formen. Baguettes auf einem mit Backpapier ausgelegten Backblech noch einmal 20 Min. gehen lassen. Danach an der Oberfläche mit einem Messer leicht einschneiden.

3 Die Baguettes im vorgeheizten Ofen bei 190 Grad etwa 25 Min. backen.

Ein Rezept von Familie Odrich aus Schöffengrund.
Ihr Tipp: „Ob ein Baguette durch ist, lässt sich mit einem einfachen Trick testen: Baguette hochheben und auf den Boden klopfen. Klingt es hohl, ist es durch. Wenn nicht, muss es noch ein wenig im Ofen bleiben."

QUESADILLAS VOM GRILL

1 Käse reiben, Tomaten, Chilischoten und Frühlings-zwiebeln in Scheiben schneiden, Koriander hacken.

2 Tortillas auf die Arbeitsfläche legen und jeweils Käse, Tomaten und evtl. Chilischoten darauf verteilen. Frühlingszwiebeln und Koriander darüberstreuen. Bis hierhin kann man die Quesadillas schon einige Stunden im Voraus zubereiten. Fest in Frischhaltefolie wickeln und bis zum Grillen im Kühlschrank aufbewahren.

3 Die Quesadillas (ohne Folie!) auf den heißen Grillrost legen und 1–2 Min. von jeder Seite grillen, bis sie goldbraun sind und der Käse zu schmelzen beginnt. Während des Grillens die Quesadillas von außen mit der Butter bepinseln. Sofort servieren.

Ein Rezept von Familie Smoor aus Waldbach.
Ihr Tipp: „Die Quesadillas verbrennen leicht, beim Grillen also nicht aus den Augen lassen!"

ZUTATEN

170 g Cheddar oder alter Gouda
3–4 Roma-Tomaten
3–4 Chilischoten (je nach Geschmack)
4 Frühlingszwiebeln
10 EL frischen Koriander
8 Tortillas
3 EL zerlassene Butter

ZUTATEN

4 bunte Paprika
200–400 g Schafskäse
Olivenöl
Kräuter und Gewürze nach Wunsch – unser Favorit ist Zitronenbergbohnenkraut; alternativ: Thymian oder Rosmarin mit einem Tröpfchen Zitronensaft
Brühepulver od. Salz, Pfeffer

PAPRIKA VOM GRILL

1 Paprika waschen, achteln und entkernen. Schafskäse daraufgeben. Kräuter und Gewürze darüberstreuen. Wenige Tropfen Öl aufträufeln.

2 Mit Alufolie oder großen Blättern von Kohl, Zucchini, Salat ... „verpacken" – sehr hilfreich sind dabei Rouladenklammern.

3 Paprika auf dem Grill 10–20 Min. unter Wenden garen. Alufolie/Blätter entfernen und wegwerfen – Paprika genießen.

Ein Rezept von Familie Piehler aus Ulm.
Ihr Tipp: „Klein geschnittene Oliven oder getrocknete Tomaten harmonieren wunderbar und können ebenfalls ‚eingepackt' werden."

GEMÜSE-TOFU-SPIEßE

1 Den Tofu in Würfel schneiden, Paprika und Zucchino ebenfalls in passende Stücke schneiden. Tofu und Gemüse (außer den Tomaten) in eine Schüssel geben. Aus den restlichen Zutaten eine Marinade mischen und darübergeben. Gut vermischen und ca. 2 Stunden ziehen lassen.

2 Tofu, Kirschtomaten, Paprika- und Zucchini-Stücke abwechselnd auf Spieße stecken und grillen.

Ein Rezept von Familie Baumgart aus Erfurt.
Ihr Tipp: „Wer mag, kann auch Zwiebeln und/oder Knoblauch mit aufspießen."

ZUTATEN

250 g Tofu natur oder Kräuter-Tofu
1 Paprika
1 Zucchino
300 g Kirschtomaten
150 ml Sojasoße
2 TL Tofu-Gewürz (Reformhaus)
1 TL Garam Masala
2 TL Ingwer, gemahlen
1 TL Chili-Flocken
Paprikapulver, Pfeffer

EN

ANTIPASTI VOM GRILL

1 Alle Zutaten in ca. 1 cm breite Scheiben schneiden, würzen, in Öl einlegen und einige Stunden ziehen lassen. Gern kann auch gewürfelter Schafskäse dazugegeben werden.

2 Auf Alufolie oder mit Hilfe eines Gemüsegrillsets auf den Grill legen und hin und wieder wenden.

Ein Rezept von Familie Wendel aus Wetter/Ruhr.
Ihr Tipp: „Die Antipasti eignen sich als Beilage zu Fisch, als Vorspeise zu Brot oder einfach so."

ZUTATEN
Zwiebeln
Fleischtomaten
Zucchini
Auberginen
Salz, Pfeffer, Kräuter wie Rosmarin,
Thymian, Basilikum
Öl
Schafskäse

MAISKOLBEN MIT KRÄUTERÖL

1 Die Maiskolben ggfs. schälen und entweder in Wasser weichkochen oder dampfgaren.

2 Die Knoblauchzehe durch eine Presse in eine Schüssel drücken und mit Öl, Salz und Kräutern verrühren. Mit einem Backpinsel auf den Tisch stellen. Die vorgekochten Maiskolben auf den Grillrost legen und leicht bräunen lassen. Mit dem Kräuteröl bestreichen.

Ein Rezept von Familie Rhein aus Lörrach:

„Der Kinder-Hit beim Grillen! Jeder bekommt einen Maiskolben auf den Teller, steckt auf beiden Seiten eine kleine Gabel oder einen Zahnstocher in den Kolben, bestreicht ihn mit dem Kräuteröl – und alle sind still mit ‚Abnagen' beschäftigt."

GEGRILLTE CHAMPIGNONS

1 Die Pilze putzen und vorsichtig die Stiele aus den Champignons drehen.

2 Zwiebel und Knoblauchzehen zusammen mit den Stielen klein hacken und in etwas Olivenöl in einer Pfanne anbraten. Gorgonzola würfeln und dazugeben. Sobald die Masse eine goldbraune Farbe angenommen hat, die Champignons damit füllen.
Aus Alufolie ein „Nest" formen, die Pilze hineinsetzen, mit Alufolie verschließen und ca. 15 Min. grillen.

Ein Rezept von Familie Sinn aus Wetter/Ruhr.

QUINOA-BROT (VEGAN)

ZUTATEN

125 g Quinoa
2 EL Öl
1 Würfel frische Hefe
1 Prise Zucker
2 kleine Möhren
1/2 kleiner Zucchino
800 g Dinkelmehl Typ 630
Salz

1 Quinoa in einem Sieb mit heißem Wasser abspülen, um Bitterstoffe zu entfernen. Das Öl in einem Topf erwärmen, Quinoa hinzugeben und kurz anrösten. Mit 250 ml Wasser übergießen und auf niedriger Stufe 15-20 Min. köcheln lassen.

2 Die Hefe in einer Schüssel zerbröseln und in 150 ml Wasser und einer Prise Zucker auflösen. Stehen lassen, bis sich Bläschen bilden.

3 Die Möhren und den Zucchino fein raspeln und zur Hefe geben. Quinoa hinzufügen und alles kurz verrühren. 800 g Dinkelmehl und etwas Salz dazugeben. Mit der Küchenmaschine oder einem Handrührgerät zu einem geschmeidigen Teig verkneten. 30 Min. gehen lassen.

4 Auf einer bemehlten Arbeitsfläche aus dem Teig drei Brote formen. Auf Backbleche verteilen, mit Mehl bestäuben und an der Oberfläche vorsichtig einschneiden. Nochmals 30 Min. gehen lassen.

5 In der Zwischenzeit den Backofen mit Fettpfanne auf 175 Grad Umluft vorheizen. Die Fettpfanne mit 250 ml Wasser füllen. So befindet sich im Ofen genug Feuchtigkeit – das hält die Brote saftig und beschert ihnen eine schöne Kruste.

6 Die Backbleche mit den Broten in den Ofen schieben. Etwa 45 Min. backen, bis die Brote eine knusprige Kruste haben und leicht braun geworden sind.

Ein Rezept von Familie Odrich aus Schöffengrund.

CHAPATI

ZUTATEN

für ca. 8 Stück:
250 g Mehl
100–130 ml Wasser
2 EL Öl
1/2 TL Brühepulver od. Salz
Gewürze/Kräuter nach Belieben:
mediterran: Rosmarin, Thymian,
Oregano, Basilikum
orientalisch: Kreuzkümmel,
Schwarzkümmel, Kardamom,
Koriander, Liebstöckel, Petersilie,
Schnittlauch

1 Mehl, einen Teil des Wassers, Öl und Brühepulver/Salz in einer Schüssel verkneten. So lange Wasser zugeben, bis die passende Konsistenz erreicht ist: geschmeidig, aber nicht klebrig. Den fertigen Teig möglichst 10 Min. ruhen lassen.

2 Teig in 8 Kugeln teilen. Kugeln einzeln kneten, flachdrücken und mit den Fingern auseinanderziehen.

3 Pfanne erhitzen und Fladen ohne Zugabe von Fett bei mittlerer Hitze backen, bis die Unterseite braune Flecken bekommt, dann umdrehen.

4 Nach Wunsch Knoblauch- oder Kräuterbutter aufstreichen und fertig backen.

Ein Rezept von Familie Piehler aus Ulm.
Ihr Tipp: „Die Chapatis gelingen auch auf dem Grill, wenn der Rost nicht zu breit ist. Sie können geschmacklich in alle möglichen Richtungen verändert werden: kleingeschnittene Oliven oder getrocknete Tomaten zugeben, gepressten Knoblauch in den Teig, mit Schmand, Sauerrahm, Joghurt oder Frischkäse verfeinern, frisch gehackte Kräuter zugeben …"

APFELKÜCHLEIN

1 Äpfel schälen, mit dem Apfelentkerner das Kerngehäuse entfernen, sodass die Äpfel ganz bleiben. Dann quer in nicht zu dünne Scheiben schneiden und mit Zitronensaft beträufeln.

2 Aus Mehl, Salz, Eiern und Milch einen glatten, nicht zu dünnflüssigen Teig anrühren. Die Apfelscheiben in den Teig tauchen und in heißem Öl beidseitig ausbacken. Nach Geschmack mit Zucker und Zimt bestreuen. Dazu schmeckt Vanillesoße.

Ein Rezept von Familie Jope aus Wetter/Ruhr.

ZUTATEN

4–5 große, säuerliche Äpfel (z.B. Boskop)
2 EL Zitronensaft
150 g Mehl
1 Prise Salz
2 Eier
125–250 ml Milch
Öl zum Braten
evtl. Zucker und Zimt zum Bestreuen
Vanillesoße

ZUTATEN

500 g gekochte Kartoffeln
(vom Vortag)
375 g Quark
150 g Mehl
65 g Zucker
1–2 Eier
50 g Rosinen
1 Prise Salz

QUARKKEULCHEN

1 Kartoffeln reiben, mit den restlichen Zutaten zu einem Teig verarbeiten, der nicht zu feucht sein soll, sonst noch etwas Mehl zugeben.

2 Eine Rolle formen, etwa 1–1,5 cm dicke Scheiben abschneiden, diese in Mehl wälzen und in heißem Öl auf beiden Seiten goldbraun braten.

Ein Rezept von Familie Ruß aus Herzogenaurach.
Ihr Tipp: „Die Quarkkeulchen schmecken mit Zimtzucker und Apfelmus sehr lecker."

QUARKNOCKERL

1 Quark mit Eiern, Mehl und Salz verrühren.

2 Milch, Zucker, Vanillezucker und Butter mischen und in eine große Auflaufform geben. Mit einem Esslöffel aus der Quarkmasse Nocken abstechen und in die Auflaufform legen.

3 Bei 200 Grad (Umluft) 25–30 Min. backen.

Ein Rezept von Familie Fetz aus dem Fürstentum Liechtenstein.
Ihr Tipp: „Dazu serviert man zum Beispiel Apfelmus, Aprikosen oder Zwetschenkompott."

ZUTATEN

500 g Quark
4 Eier
150 g Mehl
1 Prise Salz
250 ml Milch
50 g Zucker
1 Päckchen Vanillezucker
50 g flüssige Butter

ZUTATEN

2 Eier
600 ml fettarme Milch
30 g Zucker
1 Prise Salz
20 g Butter
250 g Mehl

PANNUKAKKU – FINNISCHE OFENPFANNKUCHEN

1 Eier mit Milch, Zucker und Salz verrühren. Butter schmelzen, unterrühren. Mehl in eine Schüssel geben, Eiermilch nach und nach unterrühren.

2 Ein Backblech mit hohem Rand gut fetten. Den recht flüssigen Teig daraufgießen und im vorgeheizten Backofen bei 200 Grad ca. 25 Min. backen. Den Ofenpfannkuchen in Stücke teilen und servieren.

Ein Rezept von Familie Neumann aus Chemnitz.
Ihr Tipp: „Als Beilagen eignen sich z.B. Marmelade, Zimtzucker sowie Apfelmus."

PFANNENTOAST MIT NUTELLA UND ERDBEEREN

1 Erdbeeren waschen und in Scheiben schneiden. In einer Schüssel mit Dicksaft od. Zucker und Zitrone mischen.

2 4 Toastscheiben mit Nutella bestreichen und die anderen Scheiben darauflegen. 1 TL Butter in der Pfanne erhitzen.

3 Ei, Milch, geschmolzene Butter, Vanillezucker, Zimt und 1 Prise Salz in einem tiefen Teller verrühren. Jedes Sandwich in der Panade einweichen (halbe Minute pro Seite).

4 Nacheinander in der Pfanne von beiden Seiten anbraten bis sie leicht gebräunt sind. Zusammen mit den Erdbeeren servieren.

Ein Rezept von Familie Schäfer aus Hamburg.

ZUTATEN

250 g Erdbeeren
1 Spritzer Agavendicksaft
(od. 2 TL Zucker)
evtl. 1 Spritzer Zitronensaft
8 Scheiben Toast
Nutella
1 großes Ei
etwas Milch
3 TL geschmolzene Butter
Vanillezucker, Zimt, Salz

ZUTATEN

250 g Mehl
250 g Vollkornmehl
1 l Milch
6 Eier
1 EL Zucker
1 Apfel od. 200 ml Apfelmus
Öl/Butter zum Ausbacken
Zimtzucker, Apfelmus, Schokostreusel

VERSTECKTE APFELPFANNKUCHEN

1 Mehl, Milch, Eier und Zucker zu einem Teig verrühren.
Den Apfel schälen, entkernen und pürieren und unter den
Teig mischen (alternativ geht auch fertiges Apfelmus).

2 Die Pfannkuchen in Öl oder Butter von beiden Seiten ausbacken.
Dazu schmecken Apfelmus, Zimtzucker und ganz besonders Schokostreusel.

Ein Rezept von Familie Wendland aus Bochum.
„Da unsere Kinder keine Pfannkuchen mit ‚sichtbaren' Äpfeln mögen,
habe ich diese Alternative entwickelt. Die übriggebliebenen Pfannkuchen
kommen am nächsten Tag mit einer längs halbierten Banane belegt für
1 Min. in die Mikrowelle."

APPLE CRUMBLE

1 Die Äpfel schälen und in Scheiben oder Würfel schneiden. Mit etwas Zitronensaft mischen. In eine gefettete Auflaufform füllen.

2 Für die Streusel Mandeln, Haferflocken, Kokos, Mehl, Zucker und Zimt mischen. Die Butter schmelzen und untermischen. Die Masse auf den Äpfeln verteilen und bei 180 Grad ca. 20–25 Min. backen.

Ein Rezept von Familie Wendland aus Bochum.
Ihr Tipp: „Mit Sahne, Vanillesoße oder Eis servieren."

ZUTATEN

6 Äpfel
1 EL Zitronensaft
100 g gehackte/gehobelte Mandeln
100 g Haferflocken
5 EL Kokosraspeln
6 EL Mehl
5 EL (brauner) Zucker
1/2 TL Zimt
100 g Butter

RHABARBER-QUINOA-AUFLAUF

1 Quinoa in einem großen Topf ohne Fett erhitzen, bis er duftet. Milch und Vanille zugeben und zum Kochen bringen. Etwa 10 Min. köcheln lassen.

2 Backofen auf 180 Grad vorheizen. Die Eier trennen. Eigelb mit 100 g Zucker sehr schaumig schlagen und mit dem Quinoabrei vermischen. Eiweiß steif schlagen und unter den Quinoabrei heben. Die Masse in eine gefettete Auflaufform geben.

3 Rhabarber waschen und in mundgerechte Stücke teilen. Die eine Hälfte der Rhabarberstücke auf dem Quinoabrei verteilen, leicht einsinken lassen. Auflauf im vorgeheizten Ofen bei 160 Grad ca. 35 Min. backen.

4 Die andere Hälfte der Rhabarberstücke mit wenig Wasser weich dünsten und mit 50 g Zucker pürieren. Sahne steif schlagen, mit dem Rhabarbermus mischen und mit Zimt abschmecken.

5 Auflauf zusammen mit der Rhabarbersahne servieren.

Ein Rezept von Familie Piehler aus Ulm.
Ihr Tipp: „Schmeckt auch mit Beeren sehr lecker: Statt Rhabarber 300 g Beeren zugeben. Den Auflauf mit einer Frucht-Sahne, Vanillesoße oder Schokosoße servieren. Bei sehr saftigen Beeren etwas weniger Milch verwenden."

ZUTATEN

250 g Quinoa
930 ml Milch
Vanille
4 Eier
150 g Zucker oder Honig
1 kg Rhabarber
350 g Sahne
Zimt
Fett für die Form

REGISTER

REGISTER